# LE GUIDE PRATIQUE DES BIJOUX ET DES PIERRES PRÉCIEUSES

Jacques Arax

# LE GUIDE PRATIQUE DES BIJOUX ET DES PIERRES PRÉCIEUSES

Sand

I.S.B.M. 2-7107-0400-5

*À mon père qui m'a appris ce métier.*
*À Arto Hatcherian qui m'a été d'un grand secours*
*pour la rédaction de l'ouvrage*

# Avant-Propos

Entre 1978 et 1981, une explosion secoua le marché du diamant endormi dans ses habitudes et enfermé dans une discrétion de bon aloi. Stimulée par quelques officines nouvellement créées et sensibilisée par une publicité tapageuse, la demande de brillants, devenue très vive, en fit une vedette de l'«investissement».

Dans toute la France, des démarcheurs astucieux proposaient la grande affaire des pierres précieuses. Les arguments ne manquaient pas: anonymes, payables en espèces, faciles à transporter en cas de troubles, leur valeur progressait de 20 p. 100 par an, et pouvait échapper à l'impôt sur les successions, etc.

1979. L'année du trouble. Les sondages montrent que la gauche amorce sa marche en avant. Les bruits les plus sots commencent à courir: perquisitions dans les coffres des particuliers, changement de la monnaie, conflits sociaux, effondrement de la Bourse, dévaluations en chaîne. Les Français sont mûrs et le brillant arrive comme le Chevalier blanc pour secourir l'épargnant effrayé. Il prend des lettres de noblesse, relié par un trait d'union au mot magique: *placement.*

Soudain, en quelques mois, les journaux et les magazines s'emparent du phénomène et consacrent des pages entières aux bienfaits du brillant-placement. Des Ardennes aux Pyrénées, dans les fermes les plus reculées d'Alsace ou de Normandie, paysans, ouvriers, retraités placent leurs économies dans les petits brillants accompagnés de certificats ronflants et enfermés dans de magnifiques portefeuilles en cuir à l'odeur de Rolls.

En un an, la masse des ventes est multipliée par dix. C'est l'ivresse. Les cours du brillant s'affichent tous les jours dans la presse.

Dès 1981, certains épargnants voulurent revendre leur brillant-placement avec la certitude de réaliser un fructueux bénéfice. Hélas, tous allaient déchanter. Gonflée par un marché artificiel fondé sur la forte demande, la baudruche éclatait et la perte frisait parfois les 50 p. 100. Rien ne laissait espérer une remontée prochaine. Austerlitz s'achevait en Waterloo. Le brillant-placement disparaissait du vocabulaire et les officines responsables pliaient discrètement bagage sans se soucier de leurs promesses, de leurs schémas et des milliers de victimes abusées.

Aujourd'hui, le diamant a retrouvé sa place de prince des lumières après le coup de fièvre qui faillit le désacraliser et le métamorphoser en caillou des ténèbres.

Dans un climat financier incertain, peu rigoureux, dont les coups de cœur sont aussi inattendus que changeants, les pierres précieuses conservent une place à part sous la voûte craquelante des bons investissements. Elles ne sont pas liées aux modes. Plusieurs fois séculaire, leur histoire se mélange à l'Histoire, donnant ainsi la preuve qu'elles sont immortelles dans le temps et assurent la pérennité des traditions de l'amour et de l'argent.

Ce livre n'a pas l'ambition de tout bouleverser en la matière. Simplement la certitude que vous y trouverez les renseignements qui pourront vous aider lors de l'acquisition ou de la vente d'un bijou, d'une pierre précieuse ou d'un objet en or.

# Un peu d'histoire pour y voir clair

Avant d'arriver rue de la Paix, la joaillerie fit un grand voyage à travers le temps, les coutumes et les costumes.

Dans les vestiges de la préhistoire, on trouve les premiers ornements avec lesquels hommes et femmes aimaient à se parer. Sur leurs vêtements de peaux, cornes, dents, griffes d'animaux et vertèbres de poissons sont les premiers fétiches, ancêtres émouvants de nos bijoux d'aujourd'hui. Avec l'âge de bronze commence le véritable travail de l'homme sur la matière. Il sculpte l'or, le façonne avec habileté et confectionne des bagues et des bracelets. Il taille l'ivoire et perce les pierres dures pour faire des colliers et des pendeloques.

Le mot «bijou» vient du breton «bizou» qui veut dire: anneau de doigt. Les premiers vrais bijoux datent des Égyptiens. L'or et les pierres abondent près de la mer Rouge. On fabrique des accessoires utiles comme les fibules servant à tenir les vêtements. Les bracelets, ceintures et ornements de tête sont garnis de jade, de cornaline, d'émeraude, de turquoise et de lapis-lazuli. Les pectoraux qui recouvrent la poitrine des hommes sont sertis de pierres fines gravées de scarabées et de fleurs de lotus. Les Grecs aiment les bijoux ciselés. Les bracelets en forme de serpents s'enroulent autour des bras des femmes. Les boucles d'oreilles représentent des têtes d'animaux garnies de pierres de couleur.

C'est à l'initiative des Grecs que l'art de travailler l'or se propage en Italie. Les Romains vont y apporter un goût nouveau et raffiné. Les bijoux sont communs aux deux sexes: colliers, pendentifs, bracelets, bagues et anneaux de bras. Les ceintures sont incrustées de pierres de couleur. On utilise l'anneau d'or comme marque de haute distinction réservée aux personnages importants de l'Empire. On confectionne avec bonheur des camées gravés à l'effigie des empereurs.

Les tendances au faste vont s'accentuer. En Orient, les costumes des dignitaires sont brodés d'or et constellés de pierres précieuses. Mais les joyaux et les habits d'or forcent la puissance et imposent le respect. Aucune monarchie ne l'oubliera.

En Europe, l'Église a déjà compris le principe. Elle s'empare des ors et des pierres pour se magnifier, et toute la corporation des artistes, peintres, sculpteurs, architectes et bijoutiers travaille à la gloire des hauts dignitaires de l'Église. Les émaux cloisonnés ornent les reliques, les objets du culte, et les vêtements sacerdotaux sont décorés de pierres précieuses. Tout cela pourrait paraître étonnant quand on sait que les pierres étaient rares en Europe et que même les rois en portaient peu. Par ordonnance du pieux Saint Louis, on interdit aux femmes de porter des pierres précieuses. Deux siècles plus tard, Agnès Sorel, la jolie favorite de Charles VII, osera braver l'interdit et paraîtra à toutes les fêtes royales couverte de bijoux. Loin de s'en offusquer, la reine et toutes les femmes de la Cour vont suivre son exemple.

En se libérant de la tutelle pesante de l'Église, les joailliers vont se mettre au service des riches seigneurs tandis que, parallèlement, l'art s'émancipe de son carcan religieux et emprunte la voie qui conduira vers la Renaissance.

En venant épouser le fils aîné de François Ier, Catherine de Médicis apporte de Florence sa cour d'artistes qui vont réveiller les talents endormis. Tous les peintres créent des bijoux et les joailliers vont s'en inspirer. Lorsqu'on regarde un tableau de cette époque, on s'étonne de l'originalité et de l'habileté des peintres dans le détail du bijou. Benvenuto Cellini en France, Holbein en Angleterre dessinèrent de nombreux bijoux pour la Cour. L'art éclate en ce XVIe siècle et les bijoux de cette époque, un peu lourds, sont d'un goût parfait. Les ceintures qui soulignent la taille sont en or ciselé, et garnies de pierres. Les hommes portent des costumes de brocart et de velours épais rehaussés de pierres précieuses et de perles. Sur le velours sont posées de lourdes chaînes d'or soutenant un bijou émaillé. Les femmes portent de gros colliers de perles avec pendentif. Les chevelures se couvrent de résilles d'or agrémentées de perles et de pierres précieuses. Dans les cours d'Angleterre, d'Espagne et d'Italie, les reines portent des chapeaux d'une richesse démesurée, ornés d'énormes perles et de pierres précieuses. Le bijou contribue à la grandeur de l'apparat. Henri III de France est un ange grotesque, fardé et couvert de perles. Philippe d'Espagne décharge de ses galions les trésors des conquistadors et s'habille d'or. Élisabeth d'Angleterre s'affuble de gros colliers de perles et d'énormes bijoux qui frisent le mauvais goût. Mais grâce à eux naissent les trésors des couronnes royales d'Europe.

Avec le XVIIe siècle, le diamant, peu répandu jusqu'alors, afflue en Europe, venant des Indes et du Brésil. La taille s'améliore et permet des facettes régulières. Les bijoux émaillés ornés de cabochons disparaissent. Les tissus s'allègent. Les robes sont en taffetas ou en crêpe de Chine. Avec la disparition de la collerette empesée qui emprisonnait le cou des femmes et la suppression des larges manches en dentelle, apparaissent les premiers colliers et bracelets portés sur la peau. Les bijoux sont plus stylisés et les formes plus gracieuses. Les supports s'allègent pour mettre les gemmes en valeur. Louis XIV et son goût des fastes entraîne toute la noblesse. La joaillerie se développe. Elle ouvre des ateliers et s'installe en boutique. C'est la séparation des arts unis.

Les riches familles s'attachent les meilleurs joailliers et la Cour du Roi Soleil scintille de parures fabuleuses. Louis XIV reçoit les ambassadeurs vêtu d'habits constellés de pierreries qui pèsent une tonne. L'effet est saisissant et les étrangers repartent bouleversés par la puissance et la richesse du plus grand des rois. Bien conseillé par Mazarin, grand connaisseur en gemmes, le roi possède la plus belle collection de pierres précieuses d'Europe. Louis XV, qui succède à son grand-père, a bien appris la leçon et la flamme des bougies de la fête ne va pas s'éteindre. La Cour rivalise d'élégance. Les diamants prédominent parmi les bijoux. Les colliers coulent sur la poitrine des femmes. A leurs oreilles pendent des girandoles qui rappellent les motifs en cristal des lustres de Versailles. Les aigrettes sont piquées dans la coiffure et les broches en forme de bouquets de fleurs ornent le bas de l'épaule. Les hommes portent des pierres précieuses sur les boutons de leur jabot et des diamants sur la boucle de leurs souliers. À ce jeu, la noblesse se ruine et la joaillerie s'affirme.

La Révolution anéantit la profession. S'inspirant de Cromwell, le puritain anglais qui institua au XVIe siècle l'austérité et fondit tous les joyaux de la Couronne d'Angleterre, la Révolution s'empara des joyaux de France qui furent volés, démontés ou qui traversèrent la frontière. La plupart ne seront jamais retrouvés. On disait alors à Londres qu'il y avait trois sources pour acheter les diamants: les Indes, le Brésil et la Révolution française. Le moindre étalage de luxe est considéré comme une provocation. La nouvelle mode est aux bijoux en cuivre ornés du bonnet phrygien. Comme gage de fidélité à la Révolution, on porte même des fragments de pierre de la Bastille.

Le Directoire et le Consulat s'entichent de mode antique. Mme Tallien inaugure les toilettes grecques et romaines. Les bijoux sont simples. Les femmes portent des bracelets serpents et les camées sont à la mode. On les porte en bague, en bracelet et en broche. Avec l'Empire, on va se noyer dans les aigles et les diadèmes. La joaillerie reprend son activité, mais les bijoux sont lourds et les montures écrasent les pierres.

Le XIXe siècle nous fait assister à un bouleversement économique qui donne naissance à la bourgeoisie. Le bijou devient accessible à un plus grand nombre de femmes et les bijoutiers se multiplient. Rien qu'à Paris, on en compte plus de quatre cents. Les méthodes de fabrication industrielle commencent à faire leur apparition. Les procédés se mécanisent avec l'estampage et la galvanoplastie qui permet, par électrolyse, de déposer sur un métal une couche d'or de faible épaisseur.

C'est la mode des bijoux romantiques. Chaque objet par sa forme et sa matière devient le symbole d'un sentiment ou d'un souvenir. Les bracelets sont faits souvent de cheveux tressés et les médaillons contiennent ceux de l'être qu'on aime. Cette période romantique éveille de nouvelles sensibilités et le bijou devient un gage d'amour éternel. La variété et la taille des bijoux romantiques empêchent qu'on utilise des pierres onéreuses. C'est pourquoi l'émail, le métal doré et les pierres exotiques connaissent une grande vogue. C'est au milieu de ce siècle qu'apparaissent les premiers bijoux transformables qui allaient faire le régal des joailliers des années trente. Un collier important peut être démonté en plusieurs points et donner un collier plus simple, une broche et un bracelet. À cette époque, on sortait beaucoup et l'on se rendait parfois à plusieurs bals dans la semaine. Les bijoux transformables permettaient de changer de parure sans changer de bijoux.

Un peu plus tard, les turqueries rapportées de Constantinople marquent une tendance à l'orientalisme qui veut des bracelets volumineux et des ceintures exotiques. On porte des broches en pendeloque serties d'argent avec une base en or ajouré pour les rendre plus solides. Les peignes à cheveux sont garnis de pierres et de diadèmes dressés en pyramide. Ces bijoux reposent essentiellement sur la mode des camées, des onyx, du corail et des améthystes. C'est un mélange assez confus de style antique, gothique, Renaissance et orientaliste. L'avènement de Napoléon III et son mariage avec Eugénie de Montijo redonnent le goût du faste et mettent les grandes fêtes à la mode.

Le luxe se répand. Les royaumes d'Europe brillent de l'éclat de leurs diamants tandis que les riches bourgeois se donnent l'illusion de la noblesse. Tout cela contribue à relancer la joaillerie. Mais la fabrication en série et à moindre coût provoque un schisme dans la corporation. D'un côté les bijoutiers, qui créent des entreprises modernes adaptées aux besoins d'une clientèle toujours plus nombreuse, et de l'autre les joailliers, qui fabriquent des parures de rêve pour des familles riches. C'est à cette époque que naissent les grands noms de la joaillerie. Fabergé, Cartier, Boucheron, Chaumet qui travaillent pour toutes les têtes couronnées d'Europe. On abandonne l'argent pour le platine et les pierres fines pour le diamant, car la découverte des mines d'Afrique du Sud provoque leur arrivée massive sur le marché. La taille des brillants s'améliore encore avec des facettes mieux réparties.

Avec l'Art nouveau, ce sont les retrouvailles des joailliers, des peintres et des sculpteurs. Ils dessinent des bijoux et leur imagination délire. La matière change et la technique évolue. Grâce à un couturier de génie, la femme a perdu ses guépières et des encombrants dessous. Elle se veut plus libre et pratique le sport et la danse. C'est la mode de la femme fleur. Les bijoux qu'elle porte deviennent serpents, libellules, papillons, iris, muguets, paons et nymphes.

Les accessoires font leur apparition et s'intègrent à la mode. Les épingles à chapeaux font fureur. Elles sont en perles baroques, en jade, onyx ou corail. Les face-à-mains sont garnis de brillants. Les colliers sont en émail, transparents. La technique des émaux translucides avec la suppression du support de fond rend les bijoux légers et follement attirants. La fabrication devient une affaire d'artistes qui prennent l'habitude de signer leurs bijoux comme un peintre signe un tableau. La pierre n'est qu'un complément; on recherche de nouvelles matières. L'opale, l'ivoire, le verre gravé. Tout l'Art nouveau est plongé dans le même rêve. Les meubles, les sculptures et les bijoux se retrouvent dans le choix des formes et des sujets.

Si la femme n'a pas acquis son indépendance, elle est, grâce à son élégance, le reflet de la réussite sociale de son mari. En cette nouvelle ère de l'industrie, les fortunes vont changer de mains et l'influence bourgeoise qui a si fortement marqué la fin du XIX$^{e}$ siècle sera supplantée par celles des milieux d'affaires et de la politique.

Les conséquences de la Première Guerre mondiale accentuent le changement, et la paix retrouvée enivre les artistes. Les femmes coupent leurs cheveux et la société défait quelque peu les tabous rigides du début du siècle. La principale source d'inspiration des créateurs de bijoux n'est plus dans la nature, mais dans les lignes géométriques du cubisme. Pour effacer cette guerre des gaz et de l'horreur, il faut effacer le passé. C'est l'Art déco et les années folles. Grâce à Chanel, la silhouette de la femme se modifie et il faut adapter le bijou à cette nouvelle silhouette.

Si le sautoir en perles va si bien avec le charleston, l'onyx, le jade, la nacre, le lapis-lazuli sont à l'honneur. Les laques sont de toutes les fêtes. On ne cherche pas la pierre la plus belle, mais la plus originale. Jean Cocteau, inspiré par les anneaux de Saturne, dessine le premier anneau triple, formé de l'enchevêtrement des trois alliances en or blanc, jaune et rouge créé par Cartier. La taille du diamant évolue. On découvre la taille baguette. Le brillant devient demi-taille et succède à l'ancienne taille. L'argent est définitivement abandonné pour le platine qui ne ternit pas.

Grâce aux goupilles et aux méthodes d'emmaillements invisibles, on fabrique des bracelets articulés beaucoup plus souples. On choisit les pierres comme un peintre choisit ses couleurs. Les bijoux sont tableaux. Les mélanges audacieux d'onyx et de jade font merveille. Le cristal de roche dépoli se mélange aux brillants. L'émail noir voisine avec le corail et crée des contrastes séduisants. Les formes se veulent rectangulaires, hexagonales, octogonales. C'est la grande vogue des calibrés, ces pierres de couleur taillées en baguettes et serties en bandes qui se touchent sans filets intermédiaires. Tout cela est précieux. Les ajours sont superbes et les montures incroyablement légères. La finition est parfaite. C'est le sommet de la joaillerie, et les années folles s'achèvent dans la sagesse d'un bon goût retrouvé.

Dans les années trente, l'or gris fait une timide apparition, mais le platine reste le métal noble. La taille du brillant s'améliore encore. Le brillant en étoile, dit taille moderne, fait son apparition. Les brillants baguettes et les brillants ronds permettent de judicieuses créations. La société est riche et l'on danse sur le voluptueux volcan de l'insouciance. Les clips de revers deviennent les accessoires indispensables pour marquer le pli ou le drapé d'une robe.

On voit apparaître les robes longues et les cheveux s'allongent. Le noir est à la mode. Il sied parfaitement aux bracelets en platine et brillants, qu'on porte sur la manche du tissu. Ce sont les «manchettes». Elles sont larges, souples et généreuses en pierres. Les pavages à sertis grains, qui consistent à poser les petits brillants très rapprochés pour cacher le métal de la monture, les rendent plus scintillantes. Les sacs du soir sont en or et garnis de pierres précieuses. Un joaillier, Van Cleef et Arpels, invente le mot «minaudière» pour les désigner. La joaillerie française, malgré la crise américaine de Wall Street, connaît une renommée internationale. Sur les planches de Deauville, le gotha défile, fou de diamants, et s'enivre de luxe sous les lustres éclatants du salon des Ambassadeurs.

La Seconde Guerre mondiale va ralentir l'activité de la profession. Il y a pénurie de brillants et de pierres de couleur. On revient vers l'or. Les bijoux sont massifs, constitués de drapés et de larges nœuds. Les bracelets à gros maillons géométriques sont lourds en poids. Les bagues, en forme de chevalières sont souvent ornées de pierres synthétiques. C'est la décennie de l'épate et de l'esbroufe qui rappelle le goût tapageur du premier Empire. Les nouveaux riches fixent la société gavée d'or rouge.

Il faudra attendre les années soixante pour retrouver une joaillerie digne de ce nom. La transformation profonde de la mode entraîne la corporation des joailliers vers un bijou moins conventionnel. Mais la haute joaillerie, prisonnière de son image de marque, ne peut prendre en charge cette nouvelle clientèle issue de tous les milieux. Une joaillerie nouvelle se met en place. Elle est plus jeune, gaie et originale. On utilise d'abord beaucoup d'or gris. Les diamants navettes se mélangent aux baguettes. Les fils sont en torsades et les pierres sont serties dans des chatons à griffes qui remplacent les pavages et rendent le bijou plus léger.

Le changement qui s'amorce va trouver son point culminant quelques années plus tard. On abandonne l'or gris un peu triste et pompeux pour l'or jaune. La robe du soir va devenir pantalon. L'entrée de la femme dans le monde du travail a fait évoluer le bijou, mais elle use maintenant de son autorité pour exiger un bijou simple et raffiné. Les pierres de couleur et les pierres dures sont à la mode. La création des « boutiques » marquera l'effort des joailliers de la place Vendôme pour se mettre à la portée d'une clientèle toujours plus large. La fabrication italienne fait une entrée très remarquée sur le marché. La vallée de Pô et la ville de Vicenza, où règne un véritable culte de l'or travaillé, inondent les vitrines des bijoutiers. L'importation bat son plein. On voit apparaître des fabrications venant du Japon, de Hong Kong et de Corée. L'Asie, après l'Italie, commence son invasion. Beaucoup de fabricants français ferment leurs ateliers.

Aujourd'hui, le bijou est devenu l'accessoire indispensable de la femme qui se lève le matin et «enfile» ses bijoux comme une peau d'or qui va la protéger. Il reste pourtant le reflet de la légende qui voulait faire de lui le symbole du pouvoir et de la réussite.

# Les gemmes

L'œil humain ne perçoit que sept couleurs principales qu'on appelle le spectre : violet, indigo, bleu, vert, jaune, orangé et rouge.

Si toutes ces couleurs traversent une gemme sans obstacle, celle-ci sera incolore. C'est le cas du diamant.

Si une seule de ces couleurs est arrêtée par un obstacle, la gemme ne sera plus incolore. C'est le cas des pierres de couleur.

Ce sont les oxydes métalliques contenus dans les gemmes, le chrome, le fer, le titane, le cobalt, le cuivre, le nickel, le manganèse, qui font obstacle et contribuent à leur coloration.

Le voyage que je vous propose concerne le diamant, l'émeraude, le rubis, le saphir et la perle, qui n'est pas une gemme mais dont l'histoire se perd dans la nuit des temps.

## LE DIAMANT

*— Quelle différence y a-t-il entre un brillant et un diamant ?*
*— Le brillant est un diamant taillé. Le diamant est la matière qui le compose.*

Le diamant est la gemme la plus limpide et la plus dure. Il est inaltérable et aucun autre corps que le sien ne peut l'entamer.

Enfant de la lumière, il détient le pouvoir. Il a bâti des empires, financé des guerres et des révolutions. Il a engendré des légendes, provoqué des milliards d'ivresses et inventé le plaisir perpétuel.

Le diamant est un minerai composé de carbone cristallisé à l'état pur. Un morceau de charbon sur lequel une bonne fée a posé sa baguette magique. Il se forme dans les profondeurs de la terre où règne une très forte température. Projetés par une énorme pression depuis les entrailles jusqu'aux couches de l'écorce terrestre, les diamants se trouvent emprisonnés dans la roche volcanique refroidie: ce sont les gisements rocheux.

Sous l'action des pluies et de l'érosion de la roche, beaucoup de diamants se libèrent de leur gangue et sont entraînés par les eaux de ruissellement vers les terrains d'alluvions dans les sables des cours d'eau, l'embouchure des fleuves ou le lit d'anciennes rivières mortes: ce sont les gisements alluvionnaires.

*D'où proviennent les diamants?*

*Il faut compter trois étapes importantes dans la découverte du diamant:*

*— L'Inde au XVIe siècle. Près d'Hydérabad, les fabuleux gisements de Golconde, d'où furent extraites les plus belles pierres, sont à l'origine du premier flux commercial avec l'Europe.*

*— Le Brésil. À partir du XVIIIe siècle, les gisements de Minas Gerais prennent la relève des mines épuisées de l'Inde. Le Brésil restera pendant plus d'un siècle le plus grand producteur de diamants.*

*— L'Afrique du Sud. À la fin du XIXe siècle, la découverte d'un petit caillou transparent sur la rive du fleuve Orange va faire naître la plus formidable industrie du diamant du monde.*

Aujourd'hui, la plupart des diamants proviennent d'Afrique du Sud et de Russie. L'Union soviétique est le deuxième producteur de diamants de joaillerie et le deuxième également pour le diamant industriel, après le Zaïre. C'est le premier fournisseur sur le marché international du diamant à Anvers, avec l'Afrique du Sud et l'Australie. Le volume de ses ventes atteignait 160 millions de dollars au premier trimestre de 1986.

Depuis vingt ans, l'U.R.S.S. exporte officiellement sa production de diamants taillés par l'entremise de sa société Russalmaz installée à Anvers et à Genève. Auparavant, la production confidentielle du pays se traitait dans les légations commerciales de l'Europe de l'Ouest, et la vente des pierres servait souvent à alimenter les caisses noires des partis frères. Par agrément avec le cartel des producteurs, l'Union soviétique ne vend pas de diamants bruts à l'exportation. Cela n'empêche pas de trouver du brut de Russie dans toutes les tailleries de Bombay et de Tel Aviv.

Les autres pays producteurs sont le Venezuela et les pays d'Afrique, Congo, Ghana, Centrafrique, Sierra Leone, Guinée, Angola, Liberia et Côte-d'Ivoire.

*La production mondiale du diamant est d'environ 40 millions de carats. Mais 20 p. 100 seulement de cette production est utilisable en joaillerie.*

Pour ceux qui veulent échanger le gris du ciel et la morosité de la vie contre les griseries de l'aventure et les sensations fortes, il reste des lieux que les agences de voyage omettent de proposer. Au Brésil, l'État vend des concessions de terrains alluvionnaires à des prospecteurs brésiliens. En vous associant à l'un d'eux, enfoncez-vous dans la région de Boa'Vista au nord de Manaus, ou bien installez votre matériel entre les montagnes de Serra Pacaraima et le Rio Branco dans le territoire de Rozaima à la frontière du Venezuela.

Les mines de Diamanti sont connues des deux côtés de la frontière sous le nom magique d'Eldorado. Si le site ne vous convient pas, remontez plus au nord dans le territoire indien de Yanomina-Makou à la frontière de la Guyane. Beaucoup de prospecteurs ont fait fortune et des milliers de Brésiliens accourent pour tenter l'aventure des diamants et de l'or. Mais attention aux *garimpeiros* à la gâchette facile. La prospection reste sauvage et peu contrôlée. Paris-Rio, plusieurs vols par jour. Qu'est-ce que vous attendez?

*Mine de diamants en Afrique du Sud (coll. privée).*

## COMMENT EXTRAIT-ON LE DIAMANT ?

Les moyens de prospection n'ont pas changé depuis l'Antiquité. Il faudra attendre le début du XXe siècle et la découverte des mines d'Afrique du Sud pour mettre au point une technique moderne. Si l'image d'Épinal nous montre encore des prospecteurs accroupis au bord d'une rivière le tamis à la main, la conception et la mise en production d'un gisement nécessitent aujourd'hui des capitaux énormes. Les gisements d'Afrique du Sud sont surtout rocheux, les sites sont éloignés des agglomérations et les accès difficiles. Il a fallu faire appel à des groupes financiers pour entreprendre l'industrialisation du diamant.

Il peut se passer plusieurs années entre la découverte d'un gisement et sa mise en exploitation. L'eau étant essentielle, il faut effectuer des forages pour trouver des nappes souterraines, créer une infrastructure avec des routes d'accès et des logements pour abriter les ouvriers.

L'extraction rocheuse se fait le plus souvent à ciel ouvert. Les sites sont des gigantesques trous avec un ballet ininterrompu de bulldozers, engins de terrassement, excavatrices charriant jour et nuit des tonnes de terre et de gravier, éclairés par de puissants projecteurs. Les véhicules de transport et les camions-bennes amènent le minerai jusqu'à l'usine de traitement. C'est un va-et-vient incessant. On doit changer les pneus des camions toutes les dix heures à cause de l'usure. Il faut parfois charrier plusieurs tonnes de gravier pour trouver un petit diamant.

Le traitement du minerai consiste à éliminer toute la matière stérile et ne conserver que les roches servant de gangue aux diamants. On procède ensuite au concassage et au broyage des roches. Le minerai est déposé sur de larges courroies mobiles enduites de graisse. Le diamant nu et léger colle aux courroies et se sépare ainsi des autres matériaux, qui glissent et disparaissent. Les diamants sont récupérés, lavés dans des solutions d'acide avant d'être triés, pesés et classés.

Dans certains pays d'Afrique, la Côte-d'Ivoire en particulier, les grandes compagnies minières ont abandonné l'exploitation, qui n'était plus rentable. Sur le site, les chercheurs clandestins se sont multipliés. Par centaines, Maliens, Ghanéens, Burkinabés, Guinéens traversent la frontière et creusent des trous profonds dans la terre argileuse pour trouver de l'eau et nettoyer le gravier qu'ils remontent à l'aide d'un seau attaché à une corde. Épuisant travail de fourmis. Souvent, des éboulements se produisent et les hommes sont ensevelis sans qu'on puisse les dégager. S'effectuant pour le compte de puissants marabouts, chefs religieux et véritables collecteurs de diamants, le trafic des pierres reste florissant en Afrique.

*Tranchées béantes, creusées par des chercheurs clandestins, pendant la nuit, sur un site diamantifère.*

*Mine de diamants abandonnée avec le gros matériel qui pourrit sur place. (Quelque part en Afrique de l'Ouest.)*

## La production pourra-t-elle s'épuiser un jour ?

Récemment, on a découvert au Botswana le plus riche gisement du monde, exploitable pendant plus de cent ans. Pour le futur lointain, on suppose que le diamant existe dans d'autres astres de l'univers.

## Comment apprécier un diamant ?

Les Anglo-Saxons ont un terme dit « les 4 C » :

— *Color* (couleur)
— *Carat* (poids)
— *Clarity* (pureté)
— *Cut* (taille)

## Le poids

Les diamants s'achètent au poids. Ce poids s'exprime en carats. Le mot « carat » viendrait du grec « karation », nom du noyau du fruit du caroubier, qui servait de poids pour peser les pierres. En 1907, fut introduit le carat métrique pesant 0,20 g. Cela veut dire qu'un brillant de 5 carats, représentant la circonférence d'un bouton de chemise, pèse 1 gramme.

Le poids d'une pierre de couleur se calcule également en carats. Ne pas confondre avec le carat d'or qui n'est pas une unité de masse, mais un titre qui définit la pureté et les différents alliages du métal.

Les diamants se pèsent à l'aide d'une balance manuelle ou électronique. Les prix varient selon le poids de la pierre. En règle générale, plus elle est grosse, plus elle est chère.

*Un brillant de 0,99 carat a moins de valeur qu'un brillant de 1 carat qui lui ressemble pourtant comme un frère jumeau. Le seuil psychologique du carat est très important.*

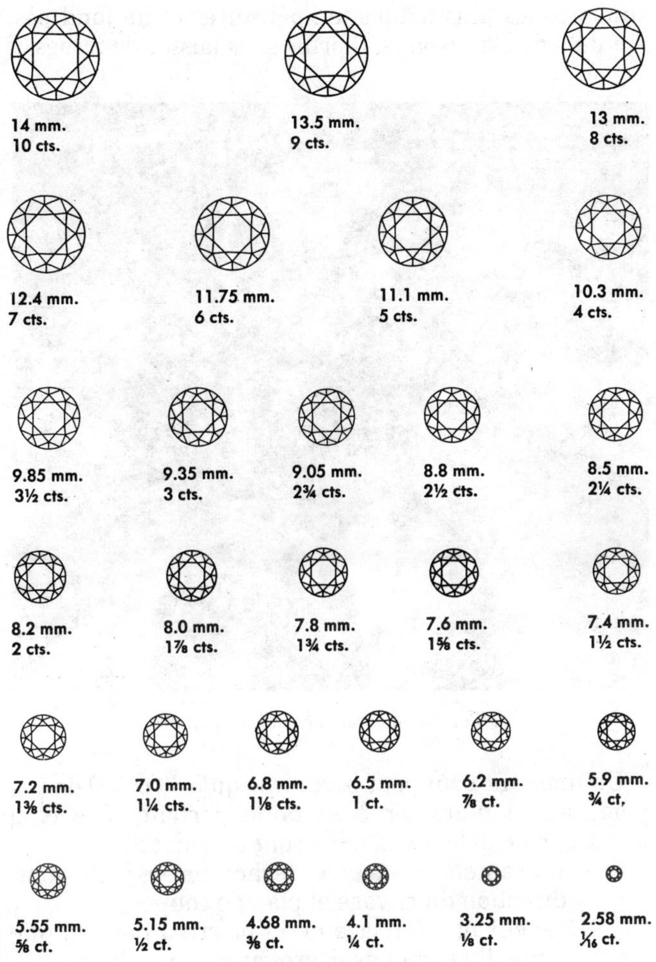


*Grosseur des pierres et leur poids.*

## LA TAILLE

Un diamant brut n'est pas très beau à regarder et ressemble à un morceau de sucre candi. Il est en général de forme octaédrique, sorte de polygone à huit faces triangulaires. Ce sont la taille et le polissage qui lui donnent son éclat. Le diamant est la plus dure des substances naturelles grâce à sa structure atomique et moléculaire exceptionnelle. Il est malgré tout cassant et un coup de marteau pourrait le broyer. Le diamant supporte les plus hautes températures et ne fond pas. Au-delà de 3000 degrés, il brûle sans laisser de traces.

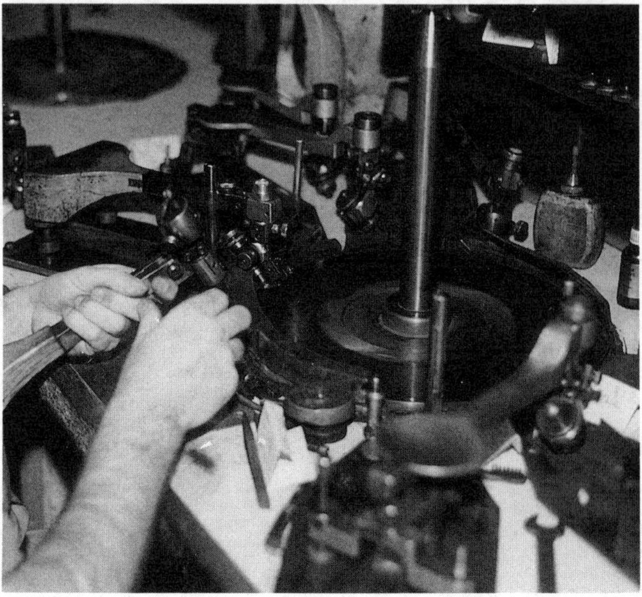

*Taillerie de diamants Fischler à Anvers.*

Un diamant brut peut perdre jusqu'à 60 p. 100 de son poids avant d'arriver à sa taille parfaite. Les cinq phases principales de la taille sont les suivantes :

— L'examen de la pierre : recherche des inclusions, direction du clivage et plan de coupe.
— Le clivage : fendage de la pierre à l'aide d'une lame. Il permet de dégrossir la pierre brute.
— Le sciage : le diamant est scindé en plusieurs fragments à l'aide d'une scie en forme de disque.
— L'ébrutage : préparation de la pierre et des facettes à polir.
— Le polissage : mise en place des facettes et finition.

Jusqu'au Moyen Âge, on polissait simplement les facettes naturelles du diamant. C'est à la fin du XV^e^ siècle que la taille a évolué. S'étant aperçu qu'en frottant deux diamants l'un contre l'autre ils s'usaient et gagnaient en éclat, un certain Louis de Berquem, natif de Bruges et fantôme dont on ne peut retrouver la trace, utilisa la poudre en enduisant une meule de fer

## TAILLE DES DIAMANTS

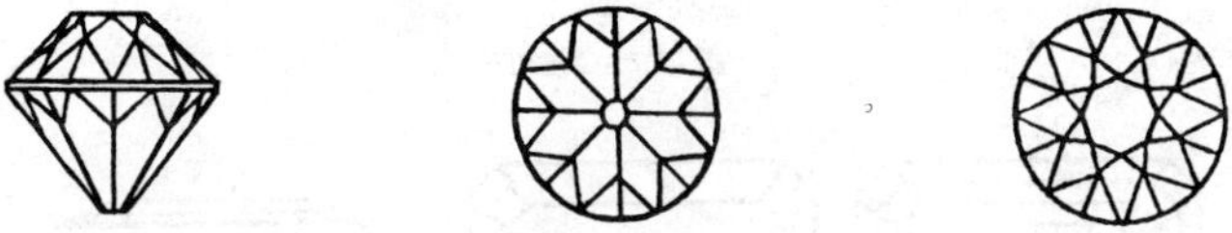

TAILLE ANCIENNE

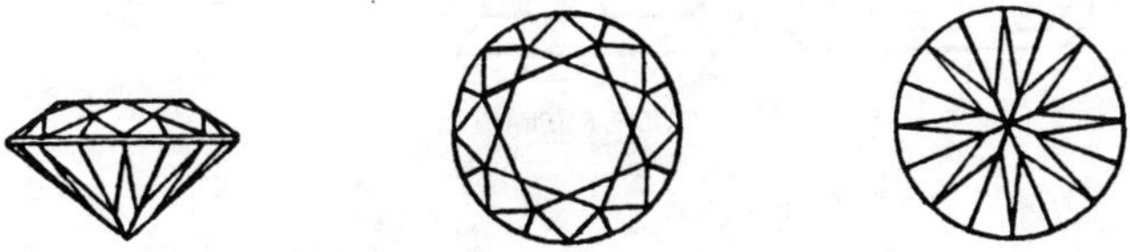

TAILLE MODERNE

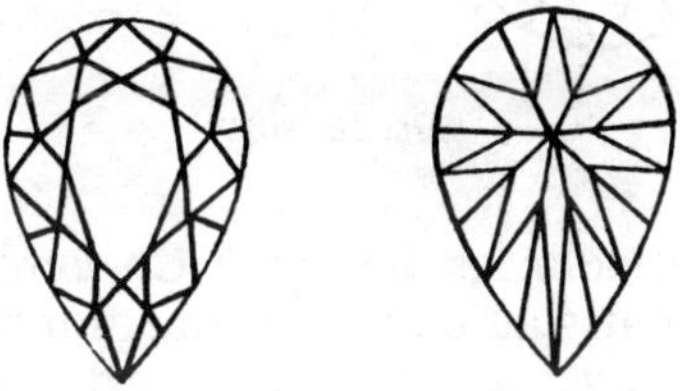

TAILLE POIRE

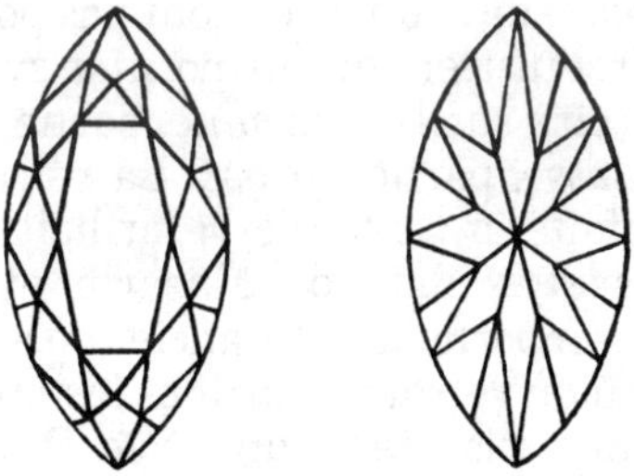

TAILLE NAVETTE

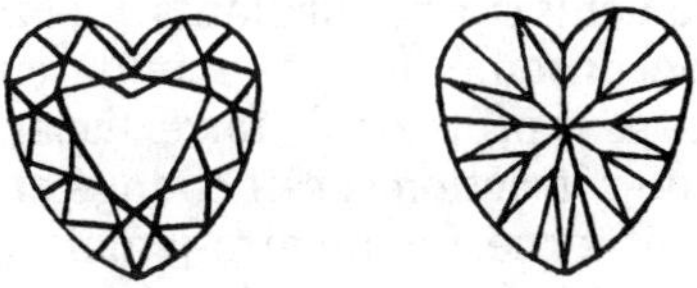

TAILLE CŒUR

*TAILLE BAGUETTE*

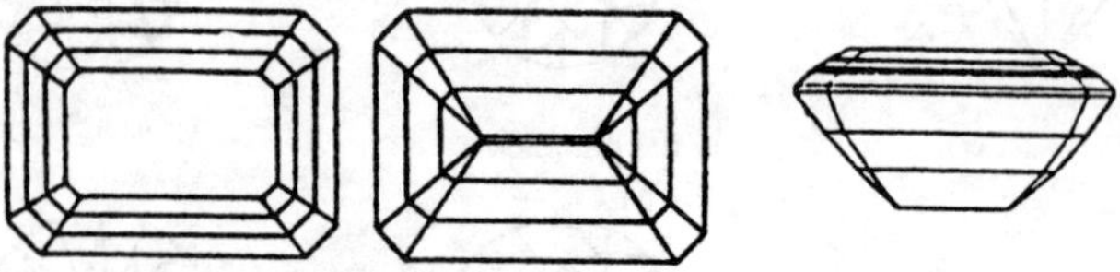

*TAILLE ÉMERAUDE*

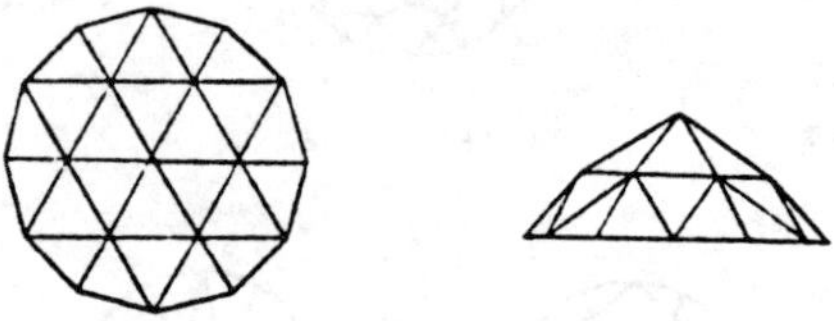

*TAILLE EN ROSE*

pour tailler et polir les diamants. Ce combat fratricide continue toujours aujourd'hui sur les meules des tailleurs. Seul changement, la poudre de diamant naturel a été remplacée par de la poudre de diamant synthétique, plus coupant, et les machines à tailler deviennent automatiques.

Les premières tailles, qui n'étaient pas poussées jusqu'au bout, introduisirent une disposition systématique des facettes. Treize sur la *couronne*, partie du haut, et neuf sur la *culasse*, partie du bas. La réfraction était loin d'être parfaite, mais la pierre brillait. La taille à trente-deux facettes date de Mazarin et la fin du XVIe siècle nous apporta la taille ancienne à cinquante-huit facettes, qu'on retrouve sur tous les bijoux de nos grand-mères. Elle allait tenir un siècle. Peu régulière, avec une culasse ouverte qui donne l'impression d'un trou noir au centre de la pierre.

À cette époque, on coupait la pointe de la culasse pour économiser du poids sur des brillants déjà très lourds et épais. Il est déconseillé de refermer la culasse d'une taille ancienne sous prétexte de faire disparaître le trou noir. L'angle de réfraction serait changé et l'éclat de la pierre paraîtrait terne. On ne dira jamais assez de bien de la taille ancienne. La variété de ses formes — ovales, coussinets, rectangles, carrés — permet des montages originaux. On leur donne aussi le joli nom de taille baroque. Encore avantageuses, les tailles anciennes risquent de connaître une augmentation rapide de leur prix.

Plus proche de nous, la demi-taille est une taille bâtarde entre l'ancienne et la moderne. Plus plate, avec une première tentative de rondeur de la pierre. Sa table étroite, ses larges facettes et sa culasse coupée ne lui permettent pas de maîtriser totalement la lumière.

Enfin, la taille moderne à cinquante-sept facettes achève la transformation du brillant chrysalide. Sa taille plus large et l'inclinaison parfaite de ses facettes assurent une réflexion totale des rayons lumineux. Aujourd'hui, le nombre des facettes varie d'un minimum de seize dans la taille brillant simple à cent cinquante-six dans la taille en étoile.

*La taille d'une pierre a pour but d'assurer une inclinaison relative des facettes afin que le rayon lumineux ne puisse pas s'échapper par la culasse et qu'à l'aide des facettes tous les faisceaux lumineux soient réfléchis et renvoyés ensemble vers la couronne.*

Les proportions de la couronne et de la culasse sont de 1/3-2/3. Une mauvaise taille peut faire perdre au brillant jusqu'à 70 p. 100 de son éclat.

Si le brillant est trop plat, on dit qu'il est «laxe». Ce jargon professionnel veut dire que la pierre n'a aucun éclat et ressemble à un bout de verre. À fuir, même au prix d'un hamburger.

Les petits diamants se taillent aussi:

— La taille en rose: diamant à fond plat, sans culasse, avec des facettes en dôme sur la couronne. La rose à trois faces, plus commune et très verroterie, est une spécialité de tous les bazars d'Orient. On ne se sert pas de roses en bijouterie moderne.

— La taille 8/8 (prononcez huit-huit): répartition égale des facettes en haut et en bas. Têtes d'épingles, elles garnissent les petits pavages.

— La taille 16/16: même chose. Taille un peu abandonnée.

— La taille brillantée : c'est la taille moderne à cinquante-sept facettes, que l'on trouve sur tous les bijoux actuels.

La taille fantaisie :

— La taille marquise ou navette : forme de losange à deux pointes. C'est la grande spécialité des tailleries d'Israël.
— La taille émeraude : forme de rectangle, très prisée aux États-Unis.
— La taille baguette : forme en table rectangle allongée, plus plate que la taille émeraude et moins facettée. On s'en sert dans les montagnes en calibrés. Le *nec plus ultra* de la joaillerie.
— La taille poire ou goutte : pour les pendants, les pendentifs et les gros solitaires dont raffolent les héroïnes de Dallas.
— La taille en cœur pour les amoureux.
— La taille ovale, peu commerciale.

## LA COULEUR

*La lumière blanche visible est le mélange du spectre des couleurs. Selon l'absorption partielle ou totale de la lumière, les pierres apparaissent à l'œil humain avec une certaine couleur.*

Ah, la couleur ! On s'y perd entre ces blancs nuancés, ces blancs commerciaux, ces légèrement teintés, ces DEFGHIJKL... toutes ces lettres de l'alphabet avec lesquelles on nous assomme dans un langage de cours élémentaire. Lorsqu'on aborde les livres d'information, c'est le labyrinthe.

De l'alphabet à la réalité, il y a l'Amazone, que même les professionnels franchissent avec prudence.

Les normes internationales de couleur et de pureté ont été établies par le Gemological Institute of America et approuvées par l'ensemble des laboratoires internationaux. Les cinq laboratoires dont les certificats sont les plus répandus en France sont les suivants :

— GIA (Gemological Institute of America). New York et Los Angeles.
— CCIP (Chambre de commerce et d'industrie de Paris).
— HRD (Hoje Raad Voor Diamant), Anvers.
— EGL (European Gemological Laboratory), Anvers et Paris.
— IGI (International Gemological Institute), Anvers.

Ces laboratoires sont ouverts au public comme aux professionnels. Toutefois, seul le CCIP est un service public, alors que les autres laboratoires sont des établissements privés.

Un laboratoire peut sceller la pierre confiée pour examen. Si celle-ci est ensuite montée sur un bijou, elle peut ultérieurement être remise sous scellés par le laboratoire l'ayant certifiée.

Ne vous précipitez pas dans un laboratoire pour faire estimer vos pierres précieuses, le laboratoire n'effectue jamais d'estimation de prix. L'estimation est un service rendu par un professionnel en fonction de la tendance du marché. Le laboratoire délivre un certificat de garantie d'une durée de validité illimitée. Si vous souhaitez faire un examen complet de vos pierres précieuses au CCIP, il vous en coûtera environ 600 F par carat, ou plus si la pierre est de belle qualité. Adresse: Service public de contrôle des diamants, perles fines et pierres précieuses, 2, place de la Bourse, 75002 Paris.

Dans l'alphabet du GIA, les couleurs se déterminent ainsi:

— D: blanc exceptionnel
— E: deuxième blanc exceptionnel
— F: extra-blanc
— G: deuxième extra-blanc
— H: blanc
— I: blanc nuancé
— J: deuxième blanc nuancé
— K: légèrement teinté
— L à Z: de plus en plus teinté.

Sachez que la lettre D qui inaugure l'alphabet des couleurs n'a pas été choisie au hasard. C'est pour ne pas créer de confusion avec la numérotation commerciale alphabétique pratiquée aux États-Unis, qui commence toujours par la lettre A.

*Les brillants fluorescents sont à rejeter. Cette fluorescence, qui donne à la pierre une étrange lumière, est due à la matière moins vive du diamant. Trop de fluorescence nuit à son éclat. Sur tous les certificats qui accompagnent un brillant, sa fluorescence est indiquée. Elle doit être nulle.*

Pour déterminer soi-même la couleur d'une pierre, il suffit de l'observer sur un papier carton blanc et plié en deux. Placez le brillant de profil au milieu de la pliure afin d'en apprécier la teinte. À plat, certaines pierres légèrement teintées pourraient paraître blanches.

Les couleurs se traduisent ainsi :

— brillant incolore
— brillant blanc cristal
— brillant éclat « gras »
— brillant légèrement brun
— brillant éclat argenté
— brillant légèrement jaunâtre
— brillant jaunâtre foncé
— brillant brun.

Les brillants bruns ont une couleur d'acier qui leur donne un éclat métallique. Ils n'ont pas d'éclat à la lumière du jour et encore moins à la lumière artificielle (amusez-vous un jour à mettre vos bijoux sous un néon d'ultra-violet, l'expérience est intéressante). Les brillants jaune foncé semblent sortir d'une bouteille de champagne sans en avoir le pétillement. Les brillants légèrement jaunes sont parfois très vifs et brillent davantage que les brillants blancs, surtout à la lumière artificielle. Un blanc nuancé coûte beaucoup moins cher qu'un brillant blanc et depuis que les montages en solitaire se démodent, les sertis clos habillent à merveille ces pierres aux paillettes d'or. Le contraste très agréable d'un brillant teinté mélangé à des petits brillants très blancs transforme ce qui pourrait être un défaut en une harmonieuse fantaisie.

On trouve également des diamants naturels de différentes couleurs. Cette coloration est due à l'apport d'éléments comme le fluor, l'azote et l'aluminium. Les diamants jaunes sont les plus courants. On y trouve des traces d'azote. Parmi les diamants jaunes, le « canari » est le plus beau, mais aussi le plus rare (le diamant coussin Tiffany pèse 128,51 carats). Les diamants bruns ou verts ont souvent acquis leur couleur d'une irradiation à l'uranium tout à fait naturelle (le diamant vert de Dresle, poire de 41 carats).

Méfiez-vous des diamants de couleur fantaisie traités par irradiation artificielle. Les diamants roses doivent leur couleur à une légère trace de manganèse (le Williamson, un brillant de 23,60 carats). Les diamants bleus chers aux poètes contiennent des additions de bore (le Hope, pesant 45,42 carats). Les diamants bleus à la lumière du jour comme à la lumière artificielle sont rares. Ceux du jour sont les plus communs.

Les diamants noirs sont recherchés par les collectionneurs. Et que dire des diamants rouges! Récemment, il s'est vendu chez Christie's à New York un diamant rouge de 0,95 carat, soit moins d'un carat, pour la somme de 880 000 dollars. La pierre a été achetée par un diamantaire de New York pour sa collection privée. Le Smithsonian Institute de Washington possède un diamant rouge de 5,03 carats, estimé à 6 millions de dollars.

## LA PURETÉ

Les inclusions sont des défauts naturels provoqués lors de la formation du diamant: des corps liquides, solides ou gazeux se sont trouvés «piégés» dans la pierre.

Examinons les différents types d'inclusion:

- La fêlure: c'est un trait, comme une cassure à l'intérieur de la pierre. Vue sous certains angles, une fêlure parfaitement horizontale ne se verra pas.
- La plume: c'est un corps gazeux qui se présente en petites taches blanches semblables à des plumes. Même insignifiantes, elles risquent de gêner la brillance de la pierre en créant une légère opacité.
- Le piqué: c'est un corps solide prisonnier dans la pierre, formant des taches blanches, brunes ou noires. Le piqué n'altère en rien la parfaite réfraction de la lumière.

— Le givre: c'est une formation de nuages ou de petites striures assemblées. La brillance de la pierre est affectée car les givres bloquent les rayons lumineux et les font dévier. Le brillant risque alors d'être un peu terne.

*Il convient de préciser que les minuscules inclusions n'altèrent en rien l'éclat du diamant. Il vaut mieux préférer un diamant avec des petits piqués qu'une pierre avec des givres qui affectent la brillance et gênent la bonne réfraction.*

L'évaluation de la pureté d'un diamant se fait à l'aide d'une loupe à grossissement dix fois, afin de bien examiner le nombre et l'emplacement des inclusions.

*L'emplacement de l'inclusion est important. Un piqué sur le bord de la pierre est mieux accepté qu'un piqué en plein centre et visible à l'œil nu. Dans le jargon du métier, on dira d'un piqué discret qu'il est intelligent.*

Les diverses inclusions étant déterminées, chaque pierre est classée selon une échelle de pureté. Une fois encore, reportons-nous au tableau du GIA.

— IF: absolument pur à la loupe grossissement dix fois.
— VVS: très, très petites inclusions.
— VS: très petites imperfections.
— SI: petites imperfections.
— P1: premier piqué. Difficile à voir à l'œil nu.
— P2: deuxième piqué. Atténue légèrement la brillance de la pierre.
— P3: troisième piqué. Inclusions repérables à l'œil nu, qui affectent la brillance de la pierre.

L'éternelle question est de savoir si le brillant est un placement ou un plaisir. Les très belles pierres se font moins abondantes et il n'est pas rare que la demande d'une pierre exceptionnelle de quelques carats soit longue à satisfaire. Les brillants augmentent, si l'on oublie la folie des années quatre-vingt, dans une proportion de 10 p. 100 par an. Bien que la revente d'une pierre soit plus difficile pour un particulier qui ne connaît pas les circuits professionnels, un beau brillant trouvera toujours preneur. Pour cela, il faut oublier les petites pierres et passer au-dessus des deux carats.

Les brillants plus ordinaires ont le charme de leur prix et sont beaucoup plus accessibles. La taille ancienne d'un brillant peut encore en faire baisser le prix. Si le tissu est moins beau, cela ne veut pas dire que la robe manque de séduction. Si vous écartez les brillants «laxes», trop givrés ou ternes, vous verrez le prix de votre pierre augmenter au fil des années. Alors, placement?

La bague que l'on porte au doigt est aussi un souvenir que l'on porte en soi. Le diamant nourrit le rêve. Alors, plaisir?

## LES PARENTS PAUVRES DU DIAMANT

— Le *zircon*: pierre naturelle incolore. Il provient souvent de zircons bruns traités thermiquement par chauffage en atmosphère oxydante. Éclat assez triste.
— Le *saphir blanc*: encore plus triste que le zircon. En plus, il se ternit et se dépolit rapidement.
— La *topaze incolore*: assez vive. La plus sympathique des trois.

## LES IMITATIONS

Les premières imitations datent probablement des Égyptiens. Il y en a de bien grossières aujourd'hui, qui ne sont même pas des bouts de verre. Signalons les plus intéressantes:

— Le *strass*: au XVIIIe siècle, un Autrichien du nom de Joseph Strasser mit au point un verre à base de plomb et coloré à l'acide d'oxydes métalliques. Taillé, il imite le diamant avec un bel éclat.

— Le *simili*: c'est un strass taillé avec un réfracteur ou un enduit doré sur la culasse, qui empêche la lumière de s'échapper et donne un bel éclat.
— La *fabulite*: composée de titane de strontium, elle possède un bon éclat avec pourtant des reflets tirant vers l'orange. Inconvénient, sa faible dureté en fait une pierre fragile qui se raye facilement. Apparue dans les années cinquante-cinq, beaucoup de bijoutiers sans expérience ne surent pas la distinguer du diamant et se firent escroquer.
— Le *yag*: composé d'alumine d'yttrium, il est moins fragile que la fabulite et son éclat est agréable. Apparu dans les années soixante, le yag est une imitation assez convaincante. Placé dans un verre d'eau, il perd toute brillance.
— L'*oxyde de zirconium*: très bon éclat et bonne dureté. Apparu dans les années soixante-quinze, il connaît un énorme succès dans la bijouterie fantaisie de luxe.
— Le *diamant synthétique*: en 1955, aux États-Unis, la General Electric Company mit au point un vrai diamant reconstitué à partir du carbone. Il n'est pas utilisé en joaillerie car son coût de fabrication est très supérieur à celui du diamant naturel et son poids ne dépasse pas le carat. Seule la poudre de diamant synthétique est fabriquée pour les usages industriels. Des rumeurs ont circulé affirmant que les Soviétiques avaient réussi à reconstituer du diamant de synthèse d'un coût de fabrication très bas. On alla même jusqu'à prétendre que la Guinée, du temps de Sékou Touré, servait de tremplin pour écouler la production. Mais tout cela reste du domaine de la fantaisie.

## COMMENT RECONNAÎTRE LE VRAI DU FAUX

Plusieurs types d'observations permettent de différencier le diamant de ses imitations. Mais cela nécessite un matériel coûteux. Toutefois, hormis les grossières imitations décelables même pour l'œil du profane, voici quelques stades d'observation primaire qui permettent d'écarter un grand nombre d'imitations:

— Frottez la surface de la pierre avec un papier émerisé fin. Si le papier mord à la matière et raye la surface, c'est à coup sûr une imitation.
— Tirez un trait sur une feuille de papier blanc. Posez votre pierre à plat au milieu du trait. Si celui-ci apparaît bien droit en transparence, votre pierre a toutes les chances d'être fausse. Si, au contraire, le trait apparaît brisé ou déformé, votre pierre est un vrai diamant.
— Le diamant est mauvais conducteur de chaleur. Appliqué sur la langue, la joue ou le dos de la main, l'imitation sera tiède alors que le vrai diamant restera froid à vos caresses.
— Soufflez un peu de buée sur votre pierre. Si c'est une imitation, elle mettra quelques secondes à disparaître. Sur une vraie pierre, la buée se dissipe instantanément.
— La dureté est l'apanage du diamant. Toutes les autres matières sont moins dures et sensibles à l'usure sur les angles des facettes.
— Certaines inclusions propres au diamant ne se rencontrent pas dans les imitations.
— Le poids est également un facteur pour déceler les fausses pierres. Elles ont un poids spécifique différent de celui du diamant.

## LA LÉGENDE DU DIAMANT

L'Inde magique a épuisé ses ressources. Le Brésil n'a qu'une production mineure fondée sur la main-d'œuvre gratuite de ses esclaves. Il faudra attendre 1867 pour que naisse le miracle.

La plus ancienne région diamantifère connue en Afrique est située sur les plateaux de Karroo, traversés par le fleuve Orange et les affluents du Vaal et du Caledon. Les Boers, immigrants hollandais austères et travailleurs, se sont établis dans cette zone, construisant des fermes et pratiquant l'élevage dans des conditions climatiques difficiles. En 1856, ils fondèrent une République patriarcale, l'État libre d'Orange. C'est sur ce territoire que commence notre histoire.

Eurêka. Ce fut le premier diamant découvert en Afrique du Sud. Un jeune Boer, fils de pionnier, ramassa quelques cailloux au bord du fleuve. Il les mit dans sa poche et les conserva pour jouer aux osselets. Un jour, l'un de ses voisins fermiers, Schalk van Niekirk, regardant jouer le garçon, fut attiré par l'étrange couleur d'un des cailloux. Il demanda à l'acheter. Le garçon éclata de rire et crut à une plaisanterie. Il offrit tout simplement le caillou au fermier.

Van Niekirk partit aussitôt pour la ville afin de le montrer au géologue du coin. Il identifia immédiatement le caillou comme étant un diamant de forme octaèdre pesant 21,50 carats. Le fermier lui vendit la pierre pour 500 dollars. Plus tard, elle fut taillée en brillant de 10,73 carats et présentée comme une curiosité à l'Exposition universelle de Paris au pavillon des Mines. Aujourd'hui, l'Eurêka est conservé au musée des Mines de Kimberley, en Afrique du Sud. Acheté par la De Beers en 1967, le diamant retrouvait cent ans plus tard sa terre natale.

1869. La chance de Schalk van Niekirk ne semble pas le quitter. Un jeune berger qui faisait paître ses moutons près de la rivière Orange aperçoit un gros caillou transparent qui ne ressemble pas aux autres. Il le porte à van Niekirk, dont l'histoire est connue de tous les fermiers. Celui-ci, fort de son expérience, reconnaît un diamant d'une extraordinaire qualité. Il propose de l'acheter et offre au berger toute sa fortune, soit 500 moutons, dix bœufs et son indispensable cheval.

L'affaire est conclue et van Niekirk part à pied négocier son diamant à la ville. La pierre pèse 83,50 carats et un groupe de négociants du Cap l'achète pour 60000 dollars, somme énorme pour l'époque. Le diamant est envoyé à Londres et taillé en forme de poire. Baptisé l'Étoile d'Afrique du Sud, il fut revendu peu après pour 125000 dollars. Près de cent ans plus tard, on retrouvera le diamant dans une grande vente chez Christie's à Genève où il sera adjugé pour 600000 dollars à un acheteur anonyme.

La découverte de ce diamant va donner la fièvre au Transvaal et mettre ce petit État sous les feux de l'actualité. «Ce diamant est un morceau de roc sur lequel nous construirons la prospérité de l'Afrique du Sud», dira un député du Parlement. Paroles prophétiques, car à cette époque on ne connaît pas encore la folle richesse du sous-sol. Les fermes sont des habitations modestes autour desquelles paissent quelques bestiaux paisibles. Rien de bien excitant. La gentry anglaise préfère le Cap où le climat et la douceur de vivre sont incomparables.

En 1877, c'est le premier soubresaut. L'Angleterre met la main sur la petite République sud-africaine. Mais sous l'énergique pression étrangère, elle est obligée de lui rendre son indépendance en 1884. Un an plus tard, c'est la consternation dans le monde. La richesse du Transvaal touche au fantastique. Le Witwatersrand, qu'on appelle communément le Rand, est un véritable champ d'or. Et dans le monde, l'or est à la mode.

À partir de 1885, les découvertes se multiplient et une nouvelle population attirée par l'or envahit le Transvaal. Johannesburg, petit hameau de baraques en bois, sort de la terre et devient une ville de pierres au milieu du désert. Mais tout cela ne va pas sans attirer les convoitises extérieures, et le président Kruger a du mal à ne pas se laisser déborder par les conspirateurs anglais qui tentent à nouveau de s'emparer des mines du Rand et du Transvaal tout entier.

Un jeune homme de trente-deux ans est au centre de ces intrigues. Il s'appelle Cecil Rhodes. Depuis longtemps Anglais et Boers vivent dans un état d'antagonisme aigu. Pretoria, la capitale administrative, et Johannesburg, ville anglaise, sont devenues des cités. Johannesburg, en particulier, est un centre d'affaires très actif et les Anglais sont nombreux à venir s'y installer. Les Afrikaners, les citoyens blancs natifs du pays, regardent ces étrangers avec une grande méfiance. La République sud-africaine se divise. D'un côté les Anglais avec Johannesburg et de l'autre les Boers avec Pretoria. Pour les Britanniques, les réformes industrielles ne vont pas assez vite et la situation doit changer.

Une première tentative de coup d'État dirigé en sous-main par Cecil Rhodes, Premier ministre du Cap, échoue piteusement. Les conjurés sont arrêtés, jugés pour trahison et condamnés. C'en est trop. La reine Victoria, poussée par ses conseillers qui ne supportent pas de voir l'Empire ainsi bafoué, déclare la guerre aux Boers. Les soldats-paysans se trouvent soudain face à une armée anglaise de métier et bien équipée. L'enjeu est de taille: la plus grande richesse de la planète.

Après quelques victoires éclatantes, les courageux Boers subissent des revers. Les Anglais sont nombreux et bien organisés. Ils dévorent lentement le petit État malheureux d'être si riche. Cela dure déjà depuis quatre ans. En 1901, la reine Victoria meurt après soixante-quatre ans de règne et le nouveau roi Edouard VII met fin à cette guerre très impopulaire en Angleterre. Ce n'est pas une victoire militaire pour les Britanniques. Les Boers se rendent par sagesse et par lassitude.

En 1902, Cecil Rhodes meurt à son tour à l'âge de quarante-neuf ans. Mais ce personnage hors du commun avait damé le pion à tout le monde. Dès 1880, il avait fondé la De Beers, du nom de la ferme où la première mine fut découverte en 1871, et en dix ans il était devenu le leader du syndicat londonien du diamant. Fondateur d'un pays, la Rhodésie, et principal artisan de l'unification, il ne verra pas en 1910 à Capetown, la naissance d'une nouvelle nation sous la suzeraineté de l'Empire britannique.

*Immeuble de la De Beers à Johannesburg.* (Photo Barrel-Sygma.)

Mais le diamant est encore le privilège des riches et sa commercialisation sur une grande échelle est difficile. Le syndicat connaît quelques problèmes. Au jeune aventurier succède un habile financier, Ernest Oppenheimer, spécialisé dans les mines d'or. Il rachète le syndicat et le sauve de la faillite. Déjà le symbole de l'or plus fort que le diamant trouve sa place dans la légende.

En 1930 sera créée l'Association des producteurs de diamants, qui réunit les plus grands producteurs africains. Cette association s'engage à vendre toute sa production à la Compagnie commerciale du diamant, appartenant à la De Beers, qui à son tour la commercialise à travers une puissante centrale d'achat, la Central Selling Organization (CSO). L'anarchie n'est plus possible et la De Beers maîtrise le marché mondial.

Plus tard, tous les grands pays producteurs vont se joindre à la CSO qui contrôle aujourd'hui 85 p. 100 de l'achat et de la vente du diamant dans le monde. Le montant de ses ventes pour 1986 a atteint 2 557 milliards de dollars. Il est vrai que la De Beers achète le brut de ses partenaires à un prix plus élevé que la moyenne du marché extérieur. Tout le monde y trouve son compte. En période de baisse, les producteurs sont contents d'être membres du cartel. D'ailleurs, l'Union soviétique n'éprouve aucun scrupule à travailler avec l'Afrique du Sud, et la Chine va probablement rejoindre le cartel très bientôt. Les gemmologues de la De Beers travaillent déjà sur place pour la prospection des gisements en collaboration avec les Chinois. Pour contrôler parfaitement le marché et ses tendances, la De Beers se doit d'être présente dans toutes les Bourses de diamants du monde. Elle contrôle partiellement celles de Kinshasa au Zaïre, d'Anvers en Belgique et de Tel Aviv en Israël.

Après la Seconde Guerre mondiale, Oppenheimer, au sommet de sa puissance, créa la De Beers Holding, groupe financier chargé de diversifier les investissements de la société en intéressant celle-ci à des secteurs aussi variés que la banque, la construction, la chimie, la métallurgie et même la bière. Le groupe devenait un empire et s'implantait partout. Harry Oppenheimer qui succéda à son père en 1957 disait: «Je préfère le diamant à l'or. Je crois que les gens achètent du diamant par vanité et de l'or parce qu'ils sont trop sots pour penser à un autre système monétaire. Le motif de la vanité est plus séduisant que celui de la bêtise.»

Le brut du monde entier récolté par la De Beers arrive à Londres au siège de la SCO. Là, les diamants perdent leur origine et sont mélangés et triés selon leur poids, leur couleur, leur forme et leurs défauts. Ils sont ensuite répartis en lots égaux en fonction de la demande et du marché. Chaque lot est mis en boîte. Dix fois par an, ces boîtes sont proposées à trois cents clients privilégiés, principalement des grosses tailleries de diamants d'Anvers, de New York, d'Israël, de Johannesburg et des Indes.

Les boîtes sont vendues «à vue», c'est-à-dire que l'acheteur n'a pas le droit de choisir les pierres ni de refuser la marchandise sous peine d'être exclu du cercle des privilégiés. La boîte ne contient jamais moins de 5000 carats et l'acheteur doit débourser entre 500000 et un million de dollars au comptant. Ce monopole et cette impitoyable dictature font toute la force de la De Beers.

Les tailleries d'Anvers restent les meilleures et leur réputation n'est plus à faire. Ils ont taillé les plus célèbres diamants du monde. Israël fut le premier producteur de diamants taillés. La Bourse est installée à Ramat Gan, près de Tel Aviv, dans une tour moderne de vingt-huit étages. Mais c'est Bombay qui est devenu depuis quelque temps le plus grand centre de taillerie. Surat, à 300 kilomètres au nord de Bombay, ne vit que de la taille des pierres.

Loin d'être un centre moderne, les tailleries se trouvent dans les maisons et le négoce se fait dans la rue. Beaucoup d'enfants, garçons et filles, s'occupent de la taille. Cinquante-huit facettes parfois, pour des brillants plus petits que des têtes d'épingle! Avec 450000 personnes réparties dans cette région et une main-d'œuvre très bon marché, l'Inde tient le quasi-monopole de la taille des petits brillants bas de gamme.

Une fois taillés, les brillants sont vendus à des négociants dans l'une des seize Bourses existant dans le monde. La plus importante est celle d'Anvers, avant Tel Aviv, Amsterdam, Bombay et New York. Il s'y négocie 70 p. 100 de la production mondiale. Les diamantaires, toujours très discrets, n'aiment pas donner des chiffres, mais on parle de 8,677 millions de dollars de chiffre d'affaires pour 1987, répartis entre trois mille diamantaires.

Créée en 1893, la Bourse du diamant d'Anvers, située à Pelikaanstraat, est la plus vieille Bourse. Les diamantaires, négociants, courtiers et joailliers s'y retrouvent dans les quatre grands halls aux baies vitrées donnant au nord. Chaque diamantaire y a sa place habituelle, toujours au même endroit, condition indispensable pour apprécier les pierres à la lumière naturelle, en général entre 11 heures et 15 heures. On y vend aussi bien du brut que du taillé. Les bureaux des diamantaires sont répartis sur tous les étages de l'immeuble. Quatre Bourses existent aujourd'hui à Anvers, dont une spécialisée dans le brut.

*La célèbre salle de la Bourse du Diamant à Anvers.*

Le rapport annuel du Conseil supérieur du diamant (HRD) donne un tableau précis des importations et des exportations de diamants en Belgique pour l'année 1987 :

IMPORTATION

*DIAMANTS TAILLÉS : 3,631 millions de carats*
*DIAMANTS BRUTS : 48,769 millions de carats*
*DIAMANTS INDUSTRIELS : 34,259 millions de carats*

L'Inde exporte vers Anvers 1 020,5 millions de carats de diamants taillés grâce au moindre coût de sa main-d'œuvre. L'U.R.S.S. vient en deuxième position avec 607 600 carats et Israël 376 900 carats. On note l'énorme écart entre les transactions de brut et de taillé. Le plus grand fournisseur de brut reste l'Afrique du Sud avec 55 p. 100 du marché, suivi du Zaïre (7,9 millions de carats), du Congo Brazzaville (3,4 millions de carats) et l'Australie (1,3 million de carats). Les importations de diamants industriels consistent pour 40 p. 100 en diamants synthétiques et en diamants en poudre.

## EXPORTATION

*DIAMANTS TAILLÉS: 4,176 millions de carats*
*DIAMANTS BRUTS: 53,827 millions de carats*
*DIAMANTS INDUSTRIELS: 21,901 millions de carats*

Les plus gros acheteurs de diamants taillés sont les États-Unis avec près de la moitié du marché, soit 1,816 million de carats, suivi du Japon avec 370 500 carats, de Hong-Kong avec 352 900 carats et de l'Allemagne avec 279 600 carats. La France pour sa part importe 119 300 carats d'Anvers. Les exportations de diamants bruts sont destinés aux centres de taille. Hormis les partenaires habituels, l'entrée en scène des petits centres de taille dans les pays à bas salaires est remarquable. L'exportation de diamants industriels se fait vers l'Inde, les États-Unis, l'Irlande, Israël, l'Angleterre, les pays de l'Est et l'Asie du Sud-Est.

Devenir membre de la Bourse nécessite une très bonne réputation et un casier judiciaire vierge. La confiance est de rigueur. Les affaires se traitent avec une poignée de mains et un grand «mazal!», mot yiddish qui pourrait se traduire par «Que cela te porte chance!». Parfois, des scandales éclaboussent le métier. Cela se règle discrètement sous l'égide du Conseil supérieur du diamant qui veille à la bonne marche des affaires. Le Trésor belge, soucieux de préserver le pactole fiscal que représente le diamant, évite de s'immiscer trop souvent dans les combines professionnelles.

La Bourse du diamant à Paris se trouve rue Cadet, dans un vieil immeuble qu'on a remis à neuf. Malheureusement, elle n'est plus que l'ombre de son ombre. Les tracasseries administratives, la mauvaise politique de l'État à l'égard des diamantaires, l'omniprésence des représentants des Douanes ont étouffé ce qui fut l'une des places les plus importantes du négoce des pierres précieuses.

Les diamants taillés achetés par les négociants à la Bourse d'Anvers sont ensuite exportés dans toutes les villes du monde. Tous les prix se calculent au carat sur la base du dollar et varient selon la pureté, la couleur et la taille. À Paris, les bureaux des négociants de diamants sont situés dans la périphérie de la rue Lafayette et de la rue Cadet.

Avant d'en terminer avec le diamant, l'histoire de l'Union des diamantaires mérite d'être racontée. Bien que cette officine de diamants-placements n'ait pas été la seule à jouer de la crédulité des épargnants, elle est bien le reflet de ce qui se passait vers la fin des années 1970.

«Diamant-investissement»
«Diamant-placement»

Ces mots entraient soudain par la grande porte de la presse et dans le vocabulaire quotidien. Les sociétés de «diamant-investissement» se multipliaient. Avec des placards publicitaires alléchants, des articles mensongers et des démarcheurs habiles qui présentaient le diamant comme la meilleure valeur refuge, ces nouvelles officines connurent un énorme succès.

En 1973, un ancien marchand d'imperméables fonde l'Union des diamantaires, qui deviendra par la suite l'Union de diamantaires. La suppression du «s» est importante. L'ensemble de la profession des diamantaires s'est élevé contre cette dénomination qui laissait supposer que l'Union était un groupe de professionnels. Ce n'était pas du tout le cas. Le siège de la société se trouvait rue de Saint-Florentin dans une artère élégante près de la rue Saint-Honoré. Beaux bureaux et belle impression. Les dés étaient jetés. Favorisé par le contexte économique mondial plutôt triste et par une inflation élevée, le diamant trouvait une place attractive auprès des épargnants.

L'idée est nouvelle. Vendre des diamants comme on vendrait des lingots d'or. Les arguments sont simples: le prix de l'or a augmenté de 300 p. 100 et celui du diamant de 3000 p. 100. Cela va encore monter et nous vous garantissons de doubler votre capital en cinq ans!

En vérité, le brillant ne peut pas rapporter de telles sommes. On peut espérer une plus-value normale ou spéculer sur la hausse des coûts sur une période de dix ans. Mais lorsqu'on s'adresse à un système de vente comme celui de l'U.D.D. dont les frais de publicité et d'intermédiaires sont tels qu'ils font hausser considérablement les coûts, il faudrait que les plus-values soient énormes pour réaliser des bénéfices.

Qu'importe, l'U.D.D. améliore son système. Les ventes se font tous azimuts à l'aide de coupons-réponse et même de catalogues de vente par correspondance. Malheur à celui qui écrit pour recevoir une documentation. Dans les deux jours qui suivent, un démarcheur débarque chez lui et ne le lâche plus. Pour ceux qui ont de petits moyens, on a mis en place un plan épargne avec achat de diamants après plusieurs années de versement.

Les affaires de l'U.D.D. connaissent un véritable boom. Trompés sur la qualité des pierres grâce à des certificats de complaisance, par une publicité mensongère qu'aucune loi n'interdit et que les pouvoirs publics ignorent, les particuliers pris dans le filet achètent des pierres jusqu'à cinq fois leur valeur. Ce sont souvent des petits brillants, gros comme des têtes de clous, présentés comme de formidables placements, avec des certificats impressionnants et un portefeuille de cuir rutilant.

À la fin de 1981, l'U.D.D. constate les premières fissures de son édifice. La société affiche d'énormes pertes. Le président cède l'affaire à son directeur général qui décide de passer à la vitesse supérieure. On vend encore plus cher des diamants de moins bonne qualité. L'ivresse s'empare de l'U.D.D. On récompense les meilleurs démarcheurs à coups de décorations et de commissions exorbitantes. Mais cela ne va pas durer. Certains acheteurs, forts des promesses reçues, veulent revendre leurs brillants. Cela se révèle difficile, pour ne pas dire impossible.

En 1983, l'U.D.D. dépose son bilan. En organisant une grande réunion avec la presse dans les salons de l'hôtel Crillon, les responsables annoncent qu'une nouvelle société va reprendre l'affaire et racheter les pierres des épargnants lésés. On parle d'un riche diamantaire américain. L'espoir renaît. Pour se diversifier, les dirigeants tentent de mettre en place le placement-pierre de couleur. Mais le cœur n'y est plus. Après neuf mois d'existence, c'est la liquidation et l'effondrement. Les chiffres tombent. On compte les victimes par milliers, malheureux propriétaires de brillants dont le prix véritable est sans commune mesure avec celui qui leur a été facturé.

Lors d'une émission à la télévision, quelques victimes, en majorité des artistes célèbres, ont bien voulu raconter comment ils avaient investi une partie de leurs économies dans le placement mirage. Il est important de préciser que le public, malgré de nombreuses mises en garde, a acheté des diamants hors des milieux professionnels et s'est complètement détourné des magasins pour ce type d'achat. Le sourire amer de Lino Ventura, de l'accordéoniste Aimable et de Maria Pacôme sera la conclusion de cette histoire de petits poissons mordus par l'appât.

# L'INDISPENSABLE SÉLECTION DES PIERRES DE COULEUR :

## L'ÉMERAUDE

L'émeraude est une pierre de couleur verte appartenant à la famille des béryls. Elle est composée d'alumine, de silice de bérylium et de chrome. Enfouies dans les profondeurs de la terre, ce sont les activités volcaniques qui les font remonter à la surface. Tous les cristaux se forment au cours du refroidissement des laves en fusion et la cristallisation se fait lentement, par tranche, ce qui permet la formation d'un type de gemme bien déterminé chimiquement. Cette formation par étapes très lentes permet de brûler au passage certains oxydes contenus dans la pierre et d'en faire apparaître d'autres. C'est la prestidigitation de la nature. Dans le cas de l'émeraude, le composant chimique principal qui va sortir du chapeau du magicien est le chrome. À lui seul, il va déterminer la couleur de la pierre.

*Il ne faut jamais observer une émeraude comme on observe un brillant.*
*L'examen à la loupe pourrait parfois vous effrayer.*
*Pour l'apprécier, vous devez vous éloigner des lumières puissantes qui la dénaturent.*
*Regardez-la à 50 centimètres de vos yeux et à la lumière du jour.*
*Recherchez sa profondeur, sa luminosité, sa transparence et son unité de ton.*

Les inclusions sont très fréquentes dans les émeraudes. On les appelle avec poésie le « jardin », en raison peut-être de l'aspect bucolique du vert.

Ces inclusions n'affectent en rien la qualité de la pierre comme c'est le cas pour le diamant. Elles ne doivent cependant pas être trop abondantes et trop apparentes. Le corps de l'émeraude est un univers ultra-microscopique vivant en autarcie. La nature de ces inclusions peut être minérale ou liquide. On distingue à la loupe les grains de charbon, les pointes de mica, les fins canaux remplis d'acide carbonique qui forment des givres et des taches, comme la fumée d'une cigarette, dus à la rétention d'air pendant la cristallisation.

Certains gemmologues affirment qu'on ne donne plus d'origine aux pierres précieuses parce que la frontière des gemmes n'est pas la même que celle des hommes. Il n'en est rien pour l'émeraude. Grâce à sa couleur spécifique et à ses inclusions, on peut très exactement en situer la région d'origine. Cela permet de détruire une légende qui tend à faire croire que beaucoup d'émeraudes, parmi les plus belles, viennent des Indes.
Au XVIe siècle, lors des conquêtes espagnoles de la Colombie et du pillage systématique du territoire, les gemmes étaient acheminées aux Indes pour y être taillées, car les lapidaires avaient une grande réputation.

On trouve dans certaines émeraudes dites « des Indes » les inclusions typiques des émeraudes de Colombie.

# LES DIFFÉRENTES PROVENANCES ET LEURS CARACTÉRISTIQUES

## L'ÉMERAUDE DE COLOMBIE

La plus célèbre sans aucun doute. Shivor fut le premier site minier découvert en 1545. Ce furent les Espagnols qui ramenèrent les plus belles pierres lors des conquêtes d'Amérique. Ces émeraudes exceptionnelles firent la richesse de l'Espagne, de son Église et de son roi.

Lorsque Francisco Pizarro débarqua au Pérou, il perdit complètement la raison devant le merveilleux trésor des Incas. La légende raconte que les Incas entreposaient leur trésor dans des souterrains humides et difficiles d'accès. Certaines caches furent pourtant découvertes et les émeraudes mises au jour. Au contact des rayons du soleil et soumises à un brusque changement de température, elles éclatèrent en poussière.

De son côté, Fernand Cortés massacra les Aztèques pour connaître l'emplacement des mines d'émeraudes de Muzo. Le secret fut bien gardé. Ce n'est qu'en 1764 qu'un minéralogiste retrouva par hasard l'emplacement de la mine perdue. L'exploitation commença trente ans plus tard et le résultat fut décevant. Muzo se trouve à plusieurs journées de Bogotá et le voyage se fait par des petits chemins escarpés, à dos de mulet et dans des conditions difficiles. Au retour, la plupart des pierres sont volées par des bandits ou par les muletiers eux-mêmes qui transportent parfois plusieurs kilos d'émeraudes.

En retrouvant son indépendance, la Colombie exploita les mines pour son compte. Mais le contrôle reste un problème insoluble. Il y a de nombreux vols et le marché parallèle est florissant. En 1903, elle décide de proposer l'exploitation à une compagnie privée. Mais le voyage est épuisant et les candidats peu nombreux. Il faut trois semaines pour arriver de France jusqu'à la Colombie. Du port, huit jours sont nécessaires pour atteindre Bogotá, la capitale. On voyage en bateau sur la rivière, en train, puis à dos de mulet.

De Bogotá à Muzo, il faut encore six jours à travers une brousse impénétrable et de larges rivières que l'on doit traverser à la nage. Sur place, rien n'est préparé pour recevoir des visiteurs. Les Espagnols avaient construit un vrai village avec des maisons et une église, mais les soldats ont tout détruit parce qu'ils ne voulaient aucune habitation sur les lieux d'exploitation. Le pauvre voyageur doit dormir à même la terre dans les ruines de l'église, piqué par des milliers d'insectes qui collent à la peau.

Aujourd'hui, les mines de Muzo sont encore aux mains du gouvernement qui les exploite à coups d'explosifs. Tout le marché est contrôlé par la mafia du pays.

Cette politique maladroite dans une région difficile d'accès donne à penser qu'un épuisement à terme des gisements est probable.

L'émeraude de Colombie est transparente et d'un éclat lumineux très agréable. Sa couleur varie du vert clair un peu triste pour les moins belles à une couleur profonde et souriante pour les plus recherchées.

Certaines pierres, par leur couleur exceptionnelle, obtiennent le nom de «vieille mine», comme on dirait vieil armagnac, pour les différencier de celles d'aujourd'hui. Elles sont chères, difficiles à trouver et proviennent pour la plupart d'émeraudes démontées sur des bijoux anciens et revendues au gré de l'Histoire.

L'émeraude de Colombie est taillée en taille émeraude, rectangulaire avec une culasse un peu épaisse qui la rend plus profonde.

## L'ÉMERAUDE DU ZIMBABWE

Loin d'avoir l'éclat de celle de Colombie, cette émeraude de l'ex-Rhodésie est agréable et son prix abordable. Sa belle couleur, bien qu'un peu opaque, la rend très attrayante sur le marché des pierres de couleur. Malheureusement, sa taille dépasse rarement les trois carats.

Les mines de Sandawana produisent une grosse quantité de pierres d'un joli vert, mais un peu fragiles. Ses inclusions sont très reconnaissables: noir en profondeur et souvent piquées de pointes dorées sur la surface. On les taille selon leur grosseur en taille émeraude ou ovale.

### L'ÉMERAUDE D'AFRIQUE DU SUD

Sœur jumelle de celle du Zimbabwe, elle comporte les mêmes caractéristiques. On trouve aussi de belles émeraudes en Zambie et en Tanzanie.

### L'ÉMERAUDE DU BRÉSIL

Au début du XX$^{e}$ siècle, beaucoup d'émeraudes venaient du Brésil. On découvrait ce vaste pays, où des fortunes commençaient à naître bercées de musique noire sous la protection du Christ de Corcovado. Très populaire, l'émeraude du Brésil n'est pas toujours à hauteur de sa réputation. Quel touriste en voyage à Rio n'a pas espéré trouver l'émeraude de ses rêves en allant chez Stern, pour le prix d'une batida à Barra di Tijuca. Souvent laiteuse et opaque, son corps enfumé réduit son éclat. Les mines de Santa Teresa produisent de grosses émeraudes. On a découvert récemment de nouvelles mines dont les très beaux spécimens pourraient relancer le marché un peu endormi.

### L'ÉMERAUDE DE L'OURAL

La première émeraude de Sibérie fut trouvée au pied d'un arbre. C'est une jeune fille qui trouva la pierre enfouie sous un amas de mousse. Exploitées depuis 1830, les mines de l'Oural produisent souvent d'énormes pierres taillées en cabochon. Elles sont d'un vert clair imprégné de jaune avec des givres importants et des inclusions noires en bandes. On les trouve sur les vieux bijoux et surtout dans la fabrication des joyaux de Peter Carl Fabergé, joaillier des tsars.

### L'ÉMERAUDE DE FRANCE

Ce n'est pas une plaisanterie. On trouvait des émeraudes en France, à Chateloube dans la Haute-Vienne au début du siècle.

L'émeraude se taille sur la meule suivant le même procédé que le diamant. Les pierres sont tout d'abord débarrassées de la matière qui les protège. Puis la gemme est examinée soigneusement par le lapidaire, qui la divise et dégage le meilleur morceau, d'une bonne couleur et ayant peu de défauts. La pierre est alors sciée et les morceaux taillés. Le polissage est rapide car l'émeraude est une matière tendre. Une pierre, après la taille, pèse moins de la moitié de son poids initial. Sa forme est variée: rectangle, ovale, en-poire, en marquise ou en cabochon. Le poids de l'émeraude s'exprime toujours en carats.

Les grands centres de taille se trouvent à Jaipur et Bombay en Inde. Les centres de négoce sont à Genève, Zurich, Londres et Bombay. Un vieux conseil de négociant donne le ton des relations pas toujours faciles avec les hindous: «Quand tu es en brousse en face d'un hindou et d'un serpent venimeux, il faut d'abord se débarraser de l'hindou avant de s'occuper du serpent.»

## COMMENT CHOISIR SON ÉMERAUDE

*Avant d'acheter une émeraude, entrez dans un café et commandez une menthe à l'eau. Le verre qu'on vous sert a la couleur de l'émeraude. En versant de l'eau, la couleur va s'éclaircir, le vert va devenir de plus en plus pâle et l'émeraude de moins en moins belle.*

Plutôt qu'une grosse émeraude opaque et couleur d'algue marine, préférez une petite émeraude d'un carat, lumineuse avec une belle transparence, agréable à regarder. L'émeraude est une gemme qui ne supporte pas la médiocrité.

«En regardant une émeraude, vous devez penser immédiatement aux pelouses vertes et au feuillage des arbres», disait Pline, l'antique gemmologue.

Le prix de l'émeraude est très variable et dépend de la qualité, de la couleur et de la taille. Les formes rectangulaires sont peut-être les plus recherchées. Les belles émeraudes de plus de cinq carats deviennent rares et chères. Les pierres opaques ne valent rien, pas même le prix d'un kilo de haricots. Les transparences alourdies par un épais fog anglais ne sont pas davantage à conseiller. Les givres nombreux qui traversent le corps de la pierre comme des coups de sabre sont à éviter. Les gros piqués noirs qui transforment le jardin en mine de charbon sont également à rejeter. Si vos moyens ne vous permettent pas d'acheter une jolie émeraude, faites des économies, jouez au loto, demandez un découvert-émeraude à votre banque, mais n'achetez sous aucun prétexte une mauvaise pierre.

Les certificats qui vous sont délivrés par la Chambre de commerce et d'industrie de Paris authentifient la pierre comme étant une gemme de couleur verte, mais ne donnent en aucun cas son origine.

## Mais où sont les émeraudes d'antan ?

Cette merveilleuse gemme a toujours été considérée comme un porte-bonheur. Dans la Rome antique, les émeraudes avaient des pouvoirs surnaturels et une variété surprenante de vertus leurs sont attribuées. L'émeraude améliore la vue et conserve la mémoire. Les astrologues l'attribuent à la déesse Vénus comme à la déesse de la beauté et du plaisir. César portait un anneau d'or orné d'une énorme émeraude. Néron avait fait tailler une lame d'émeraude pour protéger ses yeux de la lumière du soleil. Le mot « bésicles » qui désigne les anciennes lunettes rondes vient d'ailleurs du mot « béryl ».

Nos ancêtres apothicaires broyaient des émeraudes pour en mélanger la poudre au vin et confectionner des potions magiques. Jusqu'au XVIII$^{e}$ siècle, les médecins préconisaient ce remède pour soigner certaines maladies et en particulier les hémorroïdes. Heureusement que la Sécurité sociale n'existait pas, elle eût ruiné les finances royales.

Le Grand Mogol des Indes possédait la plus belle collection de pierres précieuses. Son pays était traversé par des négociants qui faisaient déjà le commerce des pierres précieuses et recherchaient pour lui les gemmes les plus belles, lorsque le puissant Nadir Shah, venant de Perse avec ses armées, s'empara de Delhi et pilla les plus beaux joyaux qui font aujourd'hui partie du trésor de l'Iran.

Pourtant, un officier de Nadir Shah réussit à voler une émeraude grosse comme un œuf et à la vendre à un riche marchand. Les siècles passèrent. En 1930, Cartier entendit dire que d'importants bijoux étaient mis en vente discrètement à Bagdad. Il envoya aussitôt son meilleur expert en lui laissant carte blanche. L'expert revint quelques semaines plus tard et sortit de son sac de cuir une grosse émeraude magnifique pesant près de 50 carats.

À qui la vendre ? La clientèle russe avait disparu dans la tourmente de la Révolution et les cours d'Europe ne pouvaient en offrir le prix élevé demandé. Cartier décida de la couper en deux et de la retailler.

En 1937, le duc de Windsor, alors roi sous le nom d'Edouard VIII, acheta une des deux émeraudes chez Cartier à Londres afin de l'offrir à Wallis Simpson pour leurs fiançailles. C'était une émeraude de 19,77 carats d'une merveilleuse qualité, que le roi paya 10000 dollars. L'autre fut vendue à une riche Américaine.

En 1987, chez Sotheby à Genève, furent dispersés tous les bijoux de la duchesse de Windsor, décédée l'année précédente, au profit de l'Institut Pasteur. L'émeraude y tenait une place de vedette. C'était le lot numéro 81.

Laurence Graff, un grand joaillier londonien, l'emporta pour la somme de 2,5 millions de dollars, soit 2,49 millions de plus qu'en 1937 ! Lorsqu'on lui demanda pourquoi il avait poussé les enchères aussi haut, il répondit que c'était la plus belle émeraude du monde et qu'il allait l'offrir à sa femme pour leurs vingt-cinq ans de mariage.

Exportées en Inde pour y être taillées, les belles émeraudes furent achetées par les princes hindous qui les faisaient monter sur des parures des Mille et Une Nuits. Mais qu'est devenue l'émeraude de 67 carats que le maharadja de Jaipur portait, piquée sur son turban ? Où sont les gemmes du vieux nizam d'Hybérabad qui firent perdre leur flegme à lord et lady Mountbatten, vice-roi et reine des Indes, quand ils ouvrirent les coffres remplis de pierres ? Dans un coffre bleu étaient les saphirs, dans un coffre rouge les rubis, et dans un coffre vert les émeraudes... Qui a vu les parures d'émeraudes que la maharani de Baroda portait sur ses saris roses, et aujourd'hui dispersées par les ventes ?

Mais les légendaires émeraudes de la grande-duchesse Vladimir de Russie éclipsaient par leur beauté les plus belles du monde. À la Révolution, elles prirent le chemin de l'Amérique et furent achetées par la famille Rockefeller, puis par l'extravagante Barbara Huston qui portait l'émeraude de 100 carats des Romanov sertie sur un diadème, allongée dans sa baignoire.

La fameuse croix de plusieurs centimètres taillée dans une émeraude de 45 carats qui appartenait à la pieuse reine Isabelle II d'Espagne fut achetée par la femme du roi de l'étain, Antenor Patiño, qui la portait à toutes ses soirées accrochée à un énorme collier d'émeraudes.

Et puis, qui n'a pas rêvé au musée Topkapi d'Istanbul devant le fameux poignard immortalisé par le film de Jules Dassin? Sa poignée est incrustée de plusieurs cabachons gros comme des œufs de caille! À Moscou, le musée du Kremlin renferme de belles parures d'émeraudes appartenant à la famille impériale et que le syndic des Soviets ne brada pas en 1924 lors des ventes successives des joyaux du tsar.

La plus grosse émeraude connue pèse 1380 carats et fut offerte par le roi don Pedro du Brésil au duc de Devonshire. Elle se trouve au British Museum de Londres.

Et pour finir avec les légendes, la plus belle histoire d'émeraude sera un conte d'amour. Cela se passait en 1777. Quelques aristocrates français, sous le commandement de Lafayette, se battaient aux côtés des Américains pour bouter les Anglais hors du continent. Benjamin Franklin, l'infatigable ambassadeur d'Amérique, cherchait à Paris des alliances et de l'argent pour assurer la victoire de son pays. Les nouvelles qui lui parvenaient étaient alarmantes. Assiégés dans Philadelphie depuis des semaines, les soldats de la liberté manquaient d'armes et de munitions.

Un soir, Franklin reçut la visite d'une belle et mystérieuse jeune femme masquée qui le supplia d'accepter un don. Elle lui remit un coffret contenant un splendide collier composé de treize émeraudes en poire d'une qualité parfaite. Mais son geste n'était pas totalement désintéressé car la belle inconnue avait un amant, réputé à la Cour de Versailles pour ses conquêtes, qui combattait dans Philadelphie encerclée, et qu'elle espérait bien revoir dans son lit.

L'ambassadeur engagea le collier auprès des banques et obtint un prêt important qui lui permit d'envoyer des armes et de la poudre. Un peu plus tard, Philadelphie fut sauvée et la grande amoureuse retrouva son amant magnifique.

On perdit la trace du collier pendant la Révolution. Il ne réapparut qu'en 1850, intact dans son écrin, dans les coffres du Crédit municipal. Il y séjourna longtemps sans que personne vînt le réclamer.

## LES COUSINS DE L'ÉMERAUDE

La *tourmaline verte* semble passée dans une teinture qui lui donne un éclat résineux pas très joli.

Le *jade impérial* est rare. Il possède la transparence et la nuance de l'émeraude. Sa couleur est due au chrome. Les autres jades sont opaques et moins appréciés. Totalement négligé dans la joaillerie occidentale — c'est bien dommage —, le jade est une pierre sensuelle qui transmet de bonnes ondes. On le trouve pourtant dans les bijoux Arts déco et les Asiatiques en sont très amateurs.

La *chrysoprase* est une calcédoine verte sans transparence qui doit sa couleur à des traces de nickel. Taillée en boules ou en anneaux, elle fut très à la mode dans les années soixante-dix. C'est une pierre bon marché.

Le *péridot* a une couleur vert bouteille un peu commune due à une prédominance de fer. Il est transparent, mais d'un éclat un peu vitreux qui lui retire toute élégance.

Le *saphir vert* possède un aspect givreux et sans éclat. Sa couleur est due à un trop grand apport de fer. Il ne mérite pas qu'on parle de lui.

## LES SYNTHÉTIQUES

L'*émeraude Gilson* est un procédé français de fabrication d'émeraudes synthétiques dérivées du cristal qu'on développe.

L'*émeraude Chattam* est un procédé américain datant de 1941. Il a pris le nom de son créateur.

Dans les deux cas, les couleurs sont un peu ternes et manquent de profondeur. Peu d'indice de réfraction et fluorescence rouge dans le noir.

## LES IMITATIONS

### LES DOUBLETS

Il s'agit de pierres soudées avec un quartz sur la culasse et une plaque verte sur la couronne, collées à l'aide d'un ciment de même couleur. Lorsque les doublets sont sertis dans une bague, on peut les confondre avec les émeraudes car les bords, foncés par le collage, ne se voient pas. On les trouve surtout sur des bagues anciennes de la fin du siècle dernier.

### LES VERRES ET LES RECONSTITUÉS

Ils sont faciles à reconnaître. À l'aide d'une loupe, vous pouvez observer les bulles d'air emprisonnées à l'intérieur, les usures exagérées des facettes ou les rayures sur la surface de la pierre. On les trouve beaucoup sur les bijoux des années cinquante et les vieux bijoux du début du siècle.

## QUELQUES TRUCS

Lorsque des givres apparaissent sur votre émeraude, n'hésitez pas à badigeonner la surface avec une goutte d'huile sous pression. Laissez-la toute la nuit sous la chaleur d'une lampe électrique. L'huile tiède pénètre dans les givres et les rend moins visibles. Frottez ensuite avec un papier de soie pour faire disparaître le gras. Aux Indes, les lapidaires utilisent de l'huile de santal mélangée à un colorant vert pour atténuer les givres ouverts.

Attention aux bijoux anciens garnis d'émeraudes bien vertes en serti clos dont la culasse, fermée par le métal, ne peut pas se voir et peut cacher un réflecteur vert qui améliore considérablement l'aspect de la pierre. En retirant la pierre de sa monture, on a la surprise de se trouver en présence d'une émeraude d'un vert très pâle et sans valeur à laquelle un maquillage adroit a donné des couleurs.

# LE RUBIS

Pour confectionner un cocktail de rubis, prenez un peu d'aluminium et un peu d'oxygène en proportion définie. Ajoutez une goutte de fer et un soupçon de chrome pour assurer sa coloration. Secouez bien à l'aide d'un shaker et soumettez le tout à l'action d'un magma éruptif à haute température. Vous obtiendrez la plus précieuse des gemmes de couleur, le rubis. Le barman capable de vous préparer ce genre de cocktail devient assez rare.

Le rubis est la variété rouge du corindon auquel se rattache également le saphir. Le corindon est constitué d'oxyde d'aluminium. C'est le chrome qui, en se substituant à l'aluminium, lui donne sa couleur rouge. On le rencontre dans les roches et dans les alluvions. Sa dureté n'est surpassée que par celle du diamant.

La couleur des rubis varie du rouge foncé au rose clair. Les plus beaux sont les «sang de pigeon», d'un rouge sans violence, un peu écarlate, dont les nuances vont du rouge groseille pour les moins beaux au rouge carmin pour les plus nobles.

Dans un rubis naturel, les lignes de coloration sont droites ou brisées. Il y a peu de pierres parfaites. Les défauts sont souvent nombreux, mais n'ont pas une grande importance s'ils ne nuisent pas à la couleur et à l'éclat. Les inclusions les plus communes sont formées de petits cristaux et de grains de corindon. Les rubis possèdent également une soie formée de fins cristaux de rutile.

## LES DIFFÉRENTES PROVENANCES ET LEURS CARACTÉRISTIQUES

### LE RUBIS DE BIRMANIE

Commençons par le plus prestigieux. La ville d'Amarapura en Birmanie est la ville des pierres précieuses. Les fameux rubis de la vallée de Mogok qui étincelaient sur la poitrine des maharadjas comme des taches de sang pour un crime de richesse ont longtemps fait rêver. La Birmanie a fourni les plus belles gemmes du monde, pauvres en fer, donc meilleures en couleur. Certaines pierres ont atteint 400 carats!

Malgré une végétation très dense, un climat rude, une longue saison des pluies qui rend les routes impraticables et le site inaccessible, le gisement fut exploité par les Anglais, puis par le gouvernement de Birmanie après l'indépendance en 1945.

Le rêve est presque terminé. Une extraction sauvage, sans programme défini, a ravagé le site et rendu l'exploitation impossible. Pour ne rien arranger, l'administration des mines est très rigoureuse sur le choix de ses clients et l'exportation est difficile en raison des problèmes que connaît le pays sous tutelle communiste. Tous ces facteurs profitent aux Chinois qui ont organisé un trafic avec la Thaïlande pour écouler une partie de la faible production.

Les pierres sont taillées et vendues sur le marché de Bangkok et personne ne se hasarderait à trop les différencier des rubis du Siam. Parfois, dans une grande vente publique à Genève, à Londres ou à New York, on voit un beau rubis birman, vestige des temps passés, qui atteint aussitôt des prix vertigineux bien supérieurs à ceux des diamants.

### LES RUBIS DE THAÏLANDE ET DU CAMBODGE

Le rubis de Siam a de beaux jours devant lui car il n'a aucun concurrent. 70 p. 100 des rubis vendus dans le monde viennent de Thaïlande. C'est à la frontière du Cambodge que se trouvent les mines de rubis. Chanthaburi, située à 300 km au nord de Bangkok, et Païlin, en territoire cambodgien, semblent être actuellement les mines les plus importantes du monde. Sur le site, c'est un grouillement d'hommes qui travaillent jour et nuit dans des conditions difficiles sous la surveillance des militaires armés. À l'origine, les mines étaient exploitées par des compagnies anglaises qui se sont retirées, estimant que les gisements n'étaient plus rentables. Elles sont aujourd'hui propriété de Thaïlande. Le roi, un des hommes les plus riches de la planète, contrôlerait en partie ces gisements, gérés par le Bureau des propriétés de la Couronne.

Le rubis de Siam est riche en fer, ce qui lui donne une couleur plus sombre, d'un rouge lie-de-vin parfois rose foncé. La transparence n'est pas toujours bonne, arrêtée par les soies qui font écran et des inclusions qui cassent la réflexion. Sa couleur foncée nécessite un traitement thermique dont la Thaïlande s'est faite la championne.

Il faut expliquer ce qu'est le traitement thermique, qui s'applique aussi bien pour les saphirs. Cela consiste à reproduire artificiellemant les phénomènes naturels dus au refroidissement de la croûte terrestre et à l'élimination lente de certains composants. Les pierres traitées, avant la taille, subissent des transformations dans des fours thermiques, à une température de 1700 degrés environ, à l'aide de produits chimiques qui brûlent certains oxydes métalliques contenus dans les pierres pour en améliorer la couleur. Si la pratique s'est généralisée, la technique n'est pas totalement maîtrisée. Beaucoup de pierres éclatent au cours du traitement et sont alors inutilisables. La pierre une fois traitée gardera sa couleur. Ce sont les Chinois, devenus les maîtres incontestés du marché des pierres en Thaïlande, qui se sont spécialisés dans le traitement thermique.

Le rubis de Siam est taillé assez plat avec une culasse souvent inexistante pour donner un maximum de transparence et de lumière.

### LE RUBIS DE CEYLAN ET DES INDES

En 1934, on trouva dans le gisement de Ratnapura, dans l'île de Ceylan, un rubis étoilé de 2967 carats. Aujourd'hui, les mines sont presque épuisées. On ne trouve plus que des rubis un peu roses appréciés sur le marché anglo-saxon. Les mines des Indes produisent un rubis qui se rapproche de celui de Birmanie, mais il est plus ordinaire. La taille est souvent imparfaite, peu symétrique, avec une culasse épaisse.

### LE RUBIS DU KENYA ET DE TANZANIE

Pauvres en fer, les rubis d'Afrique ont une couleur agréable. Mais la production est faible et reste artisanale.

### LE RUBIS D'AFGHANISTAN

La situation actuelle d'un pays en état de guerre n'arrange pas l'exploitation. Bien que la production soit limitée, un énorme trafic de pierres s'est développé à la frontière du Pakistan, attirant des aventuriers de tout poil prêts à s'entrégorger pour quelques carats.

La production mondiale des rubis est faible par rapport à celle du diamant ou des autres pierres de couleur. Les gros rubis sont rares et les pierres de qualité dépassant 10 carats ne sont pas communes. Les cabochons sont plus abondants et beaucoup moins chers. Certains peuvent atteindre 50 carats. Les cabochons étoilés dessinent une astérisque qui fait apparaître au sommet de la pierre une étoile à six branches. La mode des sertis clos a redonné, un moment, un peu de noblesse à cette taille en demi-boule rarement de belle qualité.

## COMMENT ACHETER UN RUBIS

*Lorsque vous prenez un verre de bordeaux, le miroitement de la lumière sur ce lac de cristal rouge charme votre œil en lançant des feux d'amour séducteurs et sensuels. Pour le rubis, l'impression doit être la même. N'achetez jamais une pierre de couleur qui ne vous lance pas des œillades avec l'espoir que vous en tomberez amoureux. Rejetez sans regret les pierres fades, moribondes, sans lumière et sans vie, masques couperosés aux couleurs incertaines.*

Plutôt que de nous arrêter à l'origine du rubis, parlons simplement du rubis de Siam de bonne qualité, que l'on peut trouver chez beaucoup de bijoutiers au prix d'une petite Fiat sans les accessoires. Mais le marché devient étroit. Les prix ne cessent de monter et la demande est forte.

Il ne faut jamais regarder un rubis en transparence avec une loupe. Si la pierre n'est pas montée, posez-là à plat sur le dos de la main pour en apprécier la couleur. Sous la lumière artificielle ou sous la lumière du jour, un rubis doit conserver le même ton. Abstenez-vous d'acheter les pierres qui ressemblent à des morceaux de quartz opaques. Elles n'ont aucune valeur. Écartez les couleurs orange, marron, violettes ou roses. Cherchez le rouge le plus homogène. Et si dans le ciel rouge de la planète rubis vous voyez briller des étoiles ardentes, cela veut dire que la pierre sera bientôt la vôtre.

## MAIS OÙ SONT LES RUBIS D'ANTAN ?

Charles le Téméraire, duc de Bourgogne, très superstitieux, croyait que le rubis préservait des blessures celui qui le portait au combat. Il avait fait confectionner un chapelet de rubis magnifiques d'une valeur inestimable, qu'il portait accroché à son chapeau. Il perdit le précieux couvre chef à la bataille de Grançon. On le retrouva couvert de boue, mais toutes les pierres précieuses avaient disparu et ne furent jamais retrouvées.

L'inventaire des joyaux de la Couronne de France ordonné par Louis XVI peu avant d'être guillotiné faisait état de trois gros rubis. Deux furent dérobés lors du cambriolage du Garde-Meuble national en 1792. Le troisième, un spinelle acheté par Louis XIV était resté longtemps à l'état brut parce qu'il avait plusieurs défauts qu'on ne pensait pas pouvoir retirer sans diminuer la valeur de la pierre. Taillé sous Louis XV par un lapidaire adroit qui utilisa les défauts pour transformer la pierre brute en dragon aux ailes étendues, le spinelle se trouve dans le sarcophage des trésors au Louvre. Les autres rubis, 507 gemmes de belle qualité, furent dispersés le 12 mai 1887, lorsque le gouvernement de la IIIe République décida de vendre aux enchères les joyaux de la Couronne de France.

Les mines de Pegu au Siam étaient très connues au XVIIe siècle et produisaient de beaux rubis. Le roi de Burnah, qui possédait les gisements, portait sur ses vêtements d'apparat de gros rubis qui projetaient un éclat si brillant que même en l'absence de lumière, les visiteurs éblouis devaient détourner les yeux. On disait qu'il détenait aussi dans ses trésors un rubis de plus de 1000 carats gros comme un œuf.

On trouve un rubis de 249 carats en cabochon sur la couronne du roi de Bohême, qui date de 1346. Il est exposé au musée de Prague.

Le plus gros rubis du monde est sans doute celui que Gustave-Adolphe de Suède offrit à Catherine II de Russie. Il pèse 398,72 carats et se trouve au centre de la grande couronne impériale de la tsarine, avec laquelle elle fut sacrée. La couronne échappa heureusement à la vente des joyaux qui suivit la Révolution de 1917. Elle fait aujourd'hui partie des fonds de diamants de l'Union soviétique et se trouve exposée au palais des Armures à Moscou.

Le rubis Edwardes pèse 167 carats. Il fut rapporté par sir Edwardes, gouverneur des Indes, et se trouve exposé au British Museum de Londres.

Le rubis Rossver Reeves est un cabochon de 138 carats, exposé au Smithsonian Institute de Washington.

Mais aucun monarque ne possédait de rubis comparables à ceux des princes hindous qui s'obstinaient à parer les derniers lambeaux de leur pouvoir de somptueux joyaux. Sur le trône en or massif du maharadja d'Hydérabad, on pouvait compter jusqu'à cent rubis de 100 à 200 carats chacun.

## LES COUSINS DU RUBIS

Le *spinelle* est le plus proche cousin, pour ne pas dire le demi-frère, du rubis. Il fait partie de la famille des aluminates. Le spinelle rouge fut longtemps considéré comme un rubis à part entière. Beaucoup de joyaux des couronnes d'Europe sont des spinelles que l'on a longtemps considérés comme des rubis. C'est le cas du Prince Noir, cette merveilleuse gemme transparente, d'un rouge foncé éclatant, qui fut ramené d'Espagne par Édouard, le Prince Noir, qui la reçut en présent de Don Pedro de Castille. Il orne le centre de la couronne royale britannique. Lès beaux spinelles sont rares et leur prix élevé.

La *tourmaline* rouge qu'on appelle rubellite vient du Sri Lanka. Sa couleur intense la rend agréable. Les prix sont encore raisonnables et mieux vaut une belle tourmaline qu'un mauvais rubis.

Le *grenat*, dont le plus beau est celui de Bohème, a la couleur du fruit de grenadier tirant vers le bordeaux. Trop associé aux bijoux bon marché du siècle dernier, il n'a jamais pu séduire.

## Les imitations

Au début du siècle, l'apparition du rubis reconstitué a soufflé un vent de panique chez les négociants qui considéraient l'imitation comme un crime à l'actif de la science. Plus d'un a acheté un faux rubis pour le prix d'une pierre véritable. Le principe de la reconstitution consiste à pulvériser de toutes petites pierres naturelles et à les agglomérer par fusion à haute température.

On obtient une masse solide et transparente qu'il suffit de tailler et qui possède toutes les caractéristiques du rubis véritable. Mais sa perfection le perd. Alors que le rubis véritable renferme toujours un défaut de cristallisation, la perfection du rubis reconstitué dénonce sa fabrication artificielle. Pour les reconnaître, il faut placer la pierre en transparence. Les pierres fines ont des couches colorées droites ou brisées. Les reconstituées contiennent des bulles d'air prisonnières dans le corps et manquent d'éclat.

Attention aux doublets que les nombreux touristes, dans l'euphorie du voyage, achètent dans les rues de Bangkok ou sur les plages de Pattaya. Les doublets sont formés de rubis synthétiques sur la couronne et de saphir blanc sur la culasse. Un examen attentif permet de déceler un filet rougeâtre sur les bords de la pierre.

## QUELQUES TRUCS

Parfois les givres affleurent à la surface de la pierre. Pour les atténuer, procédez comme pour l'émeraude, bien que le rubis ne soit pas une pierre poreuse. Enduisez la surface avec de l'huile de paraffine pure et laissez reposer sous la lumière éclectrique pour chauffer un peu. L'huile pénètre dans les fentes et les givres deviennent moins apparents. Frottez ensuite avec un papier de soie.

Le rubis est le meilleur moyen pour tester la fidélité. Si vous possédez une pierre d'un beau rouge, placez-la un soir sous l'oreiller de votre femme. À son réveil, vérifiez la couleur du rubis. Si la pierre a foncé pendant la nuit, votre épouse vous trompe. Si la couleur n'a pas changé, vous trompez votre femme et elle ne le sait pas encore.

# LE SAPHIR

Le saphir est la variété bleue du corindon composé d'alumine cristallisée colorée par des oxydes métalliques comme le fer et le titane. Lorsque d'autres éléments viennent se mélanger aux oxydes, le saphir change de couleur et peut devenir vert, rose, rouge ou blanc. Les saphirs jaunes subissent un traitement thermique.

Dans l'Antiquité, le principe était déjà connu. Comme les diamants étaient rares, on plaçait le saphir très clair entre deux lingots d'or en fusion afin que la chaleur brûle les oxydes. Devenu blanc, il était taillé de manière à lui donner l'aspect du diamant.

Saphir vient du mot hébreu «sappir» qui signifie objet de beauté. C'est pourtant une pierre assez répandue et seuls les très beaux saphirs sont rares. Le saphir est la pierre de couleur la plus vendue dans le monde parce que son prix est attrayant. Les plus belles gemmes venaient du Cachemire en Inde, mais les gisements ne sont plus exploités depuis longtemps. Sa couleur de ciel en faisait auprès des Égyptiens le symbole de la vérité. Le bleu saphir, en raison de cette couleur céleste, garnit les vitraux des cathédrales, et les chrétiens du Moyen Âge lui attribuaient un pouvoir divin. La pierre épiscopale est d'ailleurs un saphir.

Le saphir n'est pas une pierre du soir. Il perd beaucoup de son éclat à la lumière artificielle. La valeur des saphirs est conditionnée par la couleur, la profondeur, la transparence et l'uniformité. La couleur dépend de son lieu d'origine. Elle doit rappeler l'encre bleue qui tachait nos doigts d'écoliers.

# LES DIFFÉRENTES PROVENANCES ET LEURS CARACTÉRISTIQUES

## LE SAPHIR DU CACHEMIRE

Exploitées depuis 1833, les mines de l'État du Cachemire, situées dans la région de Zaskar au nord de l'Inde, furent fermées en 1975 et le site définitivement abandonné. Cachemire reste une expression pour définir la qualité exceptionnelle du saphir couleur de bleuet. Aujourd'hui, le «cachemire» est presque introuvable et son prix est élevé. Les maharadjas des Indes ont collectionné les gemmes bleues comme vous collectionnez les allumettes. C'était leur pierre préférée. Le nizam d'Hyberabad, le prince le plus riche des Indes, en possédait un choix considérable. Les tsars de Russie aimaient aussi les beaux saphirs, et ceux qui ne furent pas vendus par les Soviets après la Révolution ont trouvé refuge dans la salle des trésors du Kremlin.

## LE SAPHIR DE BIRMANIE

Élevé par la même nourrice que le rubis dans la vallée de Mogok, on le trouve à flanc de colline dans des dépôts de roches ignées produites par l'action du feu, alors que le rubis se trouve dans des dépôts de roches calcaires. Les pierres brutes sont souvent recouvertes d'une croûte terne qu'il faut éliminer avant de voir apparaître la matière limpide. Aucun étranger n'était admis à visiter les mines qui s'appelaient alors Mogaut et Kyatpean. Le saphir birman est d'un bleu de prusse velouté, avec une grande richesse de couleur et une belle transparence. C'est un saphir de grand prix.

## LE SAPHIR DE CEYLAN

Exploité depuis la nuit des temps dans la région de Ratnapura à 80 km de Colombo, capitale du Sri Lanka, c'est le plus gros gisement du monde qui produit des gemmes d'une qualité très variée. Le ceylan est bleu pâle et d'une transparence lumineuse. Mais la plupart des saphirs font le voyage vers la Thaïlande en charter pour y être traités thermiquement avant d'être vendus sur le marché de Bangkok et rachetés par les gros consommateurs que sont l'Amérique et l'Asie. Les touristes achètent dans les magasins d'État de Colombo des saphirs en provenance de Siam, d'une médiocre qualité.

*Lapidaire taillant des saphirs à l'aide d'une machine archaïque (Sri Lanka).*

**LE SAPHIR DE THAÏLANDE ET DU CAMBODGE**

Le saphir de Siam est incontestablement le plus vendu dans le monde. Les mines de Cachanarburi sont pratiquement épuisées, mais celles de Khanchanburi en Thaïlande et Pailin au Cambodge ont encore un grand avenir et produisent une énorme quantité de saphirs vendus sur le marché de Bangkok. C'est un saphir très foncé, un peu noir, dont la transparence est souvent arrêtée par un voile de soie qui réduit la luminosité. C'est le plus répandu des saphirs parce que son prix est bas et que les acheteurs, mal informés, ne savent pas que ce ton noirâtre les éloigne des caractéristiques essentielles d'un saphir de qualité. Il y a tout de même de belles pierres passées au lifting thermique qui leur donne une couleur bleue, peu naturelle, aux brillances artificielles.

### LE SAPHIR D'AUSTRALIE

D'une mauvaise couleur avec un excès de fer qui le rend verdâtre, il est commercialisé sur le marché de Bangkok.

### LE SAPHIR DE HAUTE-LOIRE

Il faut tout de même signaler les saphirs français, d'une qualité assez médiocre et exploités en petite quantité pour des besoins industriels.

Il y a également des saphirs aux États-Unis dans le Montana et depuis peu en Russie, d'un bleu charbonneux pas très convaincant.

Les saphirs de Siam sont en général d'une taille ovale assez plate pour donner une impression de transparence et de lumière. Les gros saphirs un peu noirs n'ont pas plus de valeur que les petits. Pour le prix d'une écharpe en cachemire, vous pouvez avoir un siam d'un carat. Les cabochons ne sont pas chers non plus et sont en général taillés dans les masses brutes les moins belles. Les saphirs étoilés, contrairement à une idée reçue, sont assez communs et souvent opaques.

Cet effet d'étoile provient de la texture fibreuse de la pierre qui réfléchit la lumière par rapport à un de ses axes. C'est une étoile de six rayons, comme pour le rubis, qui se détache d'une façon plus lumineuse sur le fond sombre du cabochon. Les jolis saphirs de Ceylan et de Birmanie ont une taille plus épaisse et forte en culasse, ce qui permet de donner une couleur plus profonde et plus homogène sur la surface. On taille les saphirs en rectangle, en poire et en marquise. Leur poids s'exprime en carats.

Les négociants du monde entier se déplacent pour acheter leurs pierres de couleur en Thaïlande. C'est le plus grand marché. À Bangkok, les tailleries et les bureaux de négoce appartiennent à des familles chinoises implantées dans le pays. Les magasins de bijoux concentrés dans le quartier chinois de la ville sont les plus fréquentés de la planète. Le mètre carré y vaut de l'or.

L'achat des pierres de couleur à Bangkok est un vrai casse-tête pour les négociants étrangers. Il ne suffit plus d'avoir l'argent et les connaissances, il faut aussi avoir de la chance. Un négociant peut rester quinze jours à courir les bureaux et les salons de massage sans acheter une pierre qui lui convienne. Américains, Japonais, Coréens, Anglais, Allemands et autres remplissent les grands hôtels de la capitale et se bousculent dans les bureaux des marchands asiatiques rusés et sûrs de leur monopole.

Pour faciliter les relations, chaque négociant étranger possède un correspondant sur place. Un courtier chinois de préférence. Ce dernier connaît les besoins de son client et lui signale les lots intéressants. Il le guide dans les bureaux, participe aux transactions et trie les pierres à examiner. Les bons courtiers sont chers. Ils travaillent à la commission et sont très recherchés. La demande d'une gemme exceptionnelle peut susciter plusieurs mois d'attente.

Tous les prix sont en dollars et ne cessent d'augmenter car le marché intérieur des fabricants, devenu très productif, emploie environ 30 p. 100 de la production et fait monter les prix.

Les pierres de couleur achetées par le négociant sont expédiées quelques jours plus tard par avion, dans des boîtes en fer blanc, cachetées et accompagnées d'un descriptif détaillé de la marchandise. À Paris, les boîtes arrivent au bureau des Douanes, situé rue Choron dans le 9e arrondissement. Là, elles sont ouvertes en présence du négociant pour être vérifiées et les pierres sont pesées par un expert. En cas de contestation, l'autorisation d'importer peut être refusée. Lorsque le négociant entre en possession de sa marchandise, il procède à la vente des pierres. Les plus belles trouvent vite acquéreur auprès des fabricants et des bons joailliers.

Dans les ateliers, la pierre de Ratnapura ou de Khanchanburi va sortir nue de son enveloppe de soie et s'habiller de diamants et de métal précieux pour aller danser au bal de l'éternité.

Les autres grands centres de négoce des pierres de couleur sont Londres, Genève, Zurich et New York.

## MAIS OÙ SONT LES SAPHIRS D'ANTAN ?

Le **TSAR BLEU** est un saphir de 260 carats d'une très belle couleur. Il appartenait à la grande-duchesse Vladimir. On prétend qu'elle négocia avec les Soviets son départ pour l'Europe, au prix d'un saphir. Les trésors du Kremlin renferment de beaux saphirs dont les tsars de Russie étaient très friands.

Le **SAPHIR RUSPOLI** est un incroyable saphir ceylan sans défaut, dont l'originalité est la forme de losange à six pans, poli à plat sur toutes ses faces. Il pèse 135,80 carats. La pierre appartenait à la famille Ruspoli qui la vendit à un prince allemand. Louis XIV l'acheta sur les conseils de son ministre Mazarin pour le compte des joyaux de la Couronne. Il se trouve au musée d'Histoire naturelle de Paris.

L'**ÉTOILE DES INDES** est un saphir des mines de Golconde pesant 563 carats. Il est d'un bel éclat profond. Après avoir appartenu au trésor des princes d'Hydérabad, il fait partie de la fameuse collection Morgan offerte au musée d'Histoire naturelle de New York.

Le **SAPHIR LOGAN** de 423 carats est un saphir de Birmanie exposé au Smithsonian Institute de Washington.

Le **SAPHIR STUART** fut légué avec d'autres joyaux de la reine d'Écosse Marie au roi Georges II par le cardinal d'York, dernier descendant de la famille Stuart. Le saphir orne le centre de la croix qui surmonte la couronne impériale.

Le **SAPHIR MAC CORMICK** est une briolette, poire toute facettée, de 197 carats, montée sur un collier ayant appartenu à l'extravagante américaine Ganna Mac

Cormick qui acheta le théâtre des Champs-Élysées pour assouvir sa passion du chant.

## LES COUSINS DU SAPHIR

La **TANZANITE** a tendance à remplacer les beaux saphirs chez les joailliers américains, et notamment Tiffany à New York qui expose une quantité de pierres. Son bleu provocant fait un peu nouveau riche.

Le **ZIRCON BLEU** est passé par un traitement thermique qui lui donne cette couleur azurée pas très agréable.

Le **SPINELLE BLEU** est beaucoup moins recherché que son frère rouge. Sa couleur légèrement violette n'est pas très convaincante.

L'**AIGUE-MARINE** a connu de beaux jours. D'un bleu verdâtre le plus souvent, certaines pierres dont la couleur rappelle le bleu de l'océan valent très cher. Cependant, l'aigue-marine reste une pierre de second ordre.

La **TOPAZE BLEUE**. La topaze présente une grande variété de couleurs: blanc, jaune, vert, bleu et violet. La topaze bleue est assez rare mais elle n'est pas très recherchée.

## LES IMITATIONS

Les saphirs reconstitués et les synthétiques peuvent parfaitement faire illusion. En cas de doute, seul un laboratoire de gemmologie pourra trancher. On mettait beaucoup de saphirs faux sur les bijoux de la fin du XIXe siècle pour en atténuer le prix. On les taillait même à l'indienne, épais avec la culasse facettée, pour leur donner plus de vie. Dans les années quarante, le saphir synthétique illumina la période de l'occupation. Peut-être pour voir la vie en bleu.

Les doublets, dont on a déjà parlé, se font plus rares avec les saphirs, car la pierre est plus courante.

## LES TRUCS

Pour reconnaître un faux saphir, il faut l'examiner à la loupe. Trois choses doivent attirer votre œil de Sherlock Holmes et vous mettre en garde:

a) Les petites bulles prisonnières dans la masse trahissent leur origine.

b) L'usure exagérée des angles des facettes, les rayures sur la surface et les petites cassures sur les bords de la pierre.

c) Des lignes courbes et l'absence totale de lignes parallèles dans la masse.

Le saphir a moins de givres ouverts que les autres pierres de couleur. Pour bien l'entretenir, essuyez-le tous les jours avec une peau de chamois pour retirer le gras qui se dépose et altère la brillance.

# LA PERLE

La perle n'est pas classée parmi les pierres précieuses. Elle mérite pourtant une place importante. Miracle de la nature, née de la mer et d'un mollusque lamellibranche, la perle a connu un destin royal, a traversé les siècles et les modes sans prendre une ride. Elle est aujourd'hui encore la parure la plus sobre et la plus élégante de la joaillerie.

La perle est produite par un mollusque marin qui n'est pas tout à fait l'huître commune qu'on trouve chez l'écailler. C'est un type d'huître particulier qu'on appelle méléagrine.

La perle naturelle naît par accident. Elle n'est pas l'enfant de l'amour. Une matière étrangère, un grain de sable s'introduit dans la coquille, et aussitôt, l'huître ressent des irritations douloureuses. L'épithélium chargé de sécréter la matière solide qui tapisse l'intérieur de l'huître sécrète à nouveau des couches lubrifiantes afin d'enrober et d'isoler ce corps étranger qui la gêne. Les couches se solidifient lentement jusqu'à former le somptueux tombeau d'une matière ordinaire devenue royale sans jamais le savoir.

Les perles de culture ont exactement la même fécondation. La seule différence est l'intervention de l'homme qui place une petite sphérule de nacre polie près de la valve, à laquelle le corps du mollusque est attaché, pour provoquer la grossesse. L'huître est ensuite replongée dans la mer dans une zone délimitée et protégée, pour suivre son cycle naturel. La perle de culture est, en somme, une perle éprouvette.

Le Japon produit la quasi-totalité des perles de culture dans le monde. La méthode fut d'abord expérimentée par un Chinois au XIII$^{e}$ siècle. Il réussit à placer un petit corps étranger près de la valve de la coquille d'une huître. Au bout de deux ans, il constata qu'une couche de nacre l'avait recouvert. Mais l'expérience n'eut pas de suite. C'est le Japonais Kokiki Mikimoto qui, en 1890, va transformer l'essai et la découverte artisanale en technique industrielle.

Au début du XX$^{e}$ siècle, les négociants en perles fines ne se rendirent pas compte de l'événement. Ils se détournèrent de la perle de culture, persuadés qu'il n'y avait aucun débouché commercial pour ces fausses perles. Loin de connaître la technique, ils croyaient que l'on incisait le corps de l'huître pour y glisser un fragment étranger qui grossissait dans le ventre du mollusque. Ce manque de perspicacité leur coûta très cher. La perle fine est entrée dans les ordres pour ne presque plus en ressortir.

Aujourd'hui, Mikimoto détient 80 p. 100 du marché de la perle de culture et produit environ 7 tonnes de perles blanches par an. Dans le sud du Japon, près de Kobé, la firme exploite de véritables fermes sous-marines.

La perle est constituée de carbone de chaux qu'on appelle nacre. Sa texture intérieure est poudreuse. Sa qualité dépend de son temps de formation, de deux à sept ans, les plus belles étant pour une fois les plus âgées. La durée de vie des perles est indéterminée. Les perles fines peuvent vivre des siècles: les perles de culture ont une existence beaucoup plus courte. Selon l'épaisseur de la couche de nacre, cela peut varier entre cent et deux cents ans.

## LES CARACTÉRISTIQUES

La valeur des perles de culture dépend de la grosseur, de la couleur, de la pureté de la forme et du poids.

## LA GROSSEUR

La mode des colliers «choker» a bouleversé le marché des perles. Toutes les perles doivent être du même calibre. La notion de grosseur a dépassé celle de poids. On vend des perles au diamètre. Si un choker de 6 mm de diamètre est accessible à un petit budget, les perles de 10 mm font un bond vertigineux. Les colliers en «chute», c'est-à-dire dégradés, bien que passés de mode, ont toujours du charme et sont très élégants.

## La pureté des formes

Pendant son développement, la perle doit rouler facilement à l'intérieur de l'huître pour avoir un corps sain et une belle forme ronde. Les boursouflures et les petites rides à la surface déprécient sa valeur.

Si la perle se développe près des bords de la coquille, elle aura une forme de poire due à la pression exercée sur elle.

Si la perle se trouve près du muscle du mollusque, elle subit des pressions et ne peut se développer normalement. C'est la perle baroque.

Quand plusieurs grains se retrouvent ensemble dans l'huître, les perles se soudent entre elles, en grappe, liées par la nacre. Au XVIe siècle, on fabriquait des pendentifs très originaux à partir des perles en grappe rappelant des formes familières.

## La couleur

La perle extraite après quelques années passées dans l'huître est recouverte d'une patine verdâtre que l'on fait disparaître en trempant la perle dans une solution d'alcool. Elle retrouve alors sa véritable couleur, et celle-ci est essentielle. C'est la couleur qui fixe le prix.

Il y a des perles blanches, grises, bleutées, et noires. Les perles roses sont très rares ainsi que les perles jaune d'or ou violettes. Si certaines teintes sont caractéristiques des différentes espèces de mollusques, la couleur des perles est en général attribuée à des pigments contenus dans leur substance organique.

L'éclat, qu'on appelle «orient», doit dégager une multitude de nuances qui imprègnent la nacre. Les perles les plus courantes sont blanches ou jaunes. Les perles grises ou bleutées sont moins recherchées en raison de leur brillance acier et de leur aspect un peu deuil. L'expression «œil de poisson bouilli» est assez imagée pour ceux qui ont cuisiné un colin mayonnaise. Elle définit parfaitement les perles qui n'ont aucun éclat et semblent mortes.

## LE POIDS

Le grain est l'unité de poids pour les perles. Il correspond à 0,05 g. Le poids définit bien l'épaisseur de la couche de nacre. Il faut toujours soupeser un collier pour en apprécier la lourdeur. Évitez les colliers légers dont les perles ont certainement un gros noyau recouvert d'une fine couche de nacre. Elles risquent de se fendre, de se ternir ou de se casser très vite.

La première espèce de perle, la plus grosse, se trouve dans les mers de Nouvelle-Guinée, de Nouvelle-Calédonie, d'Australie, de Ceylan ou du golfe Persique. Les plus belles perles fines qui font rêver les collectionneurs venaient surtout du golfe Persique.

## MAIS OÙ SONT LES PERLES D'ANTAN ?

Dans l'Antiquité, seuls les puissants personnages pouvaient porter des perles. Cléopâtre, reine d'Égypte, possédait deux énormes perles qu'elle portait aux oreilles. Leur prix, murmuraient les connaisseurs, aurait pu nourrir tout le peuple d'Égypte pendant un siècle. La reine aimait Antoine, et Antoine aimait les fêtes. Il organisait dans son palais des festins d'un luxe inouï où les mets les plus rares étaient servis par de belles esclaves vêtues de tuniques d'or.

Cléopâtre trouvait que les fastes de son amant faisaient de l'ombre à sa gloire ; elle décida de lui rappeler qu'elle était la toute-puissante reine d'Égypte. Ne pouvait-elle pas engloutir en un seul repas le prix de tous les festins d'Antoine ?

Un soir, parée de ses plus beaux bijoux, elle convia son amant et quelques notables à un festin. Surpris, ils ne virent aucun mets sur les tables, pas même une aiguière pour se verser du vin. Lorsque tous furent assis, Cléopâtre fit signe à un serviteur qui déposa devant la reine une coupe d'or remplie de vinaigre. D'un geste solennel, elle détacha de son oreille une des perles légendaires et la laissa tomber au fond de la coupe sous le regard hypnotisé des témoins. Après que la perle fut dissoute, elle porta la coupe à ses lèvres et but d'un trait le fortuné liquide. À partir de ce jour, les festins d'Antoine se firent très discrets.

On prétend que César s'empara de la seconde perle. Mais on a perdu sa trace et elle semble avoir disparu à jamais dans la légende.

Le collier de perles de Catherine de Médicis est le plus beau. Composé à l'origine de six rangs de perles rondes grosses comme des noix de muscade et de vingt-cinq perles poires aussi importantes, il fut offert par le pape Clément à sa nièce pour son mariage en 1533 avec le roi de France Henri II.

Lorsque son fils François devint roi à son tour et épousa la charmante Marie Stuart, reine d'Écosse, Catherine, ravie de cette union, offrit à sa bru les perles des Médicis. Le jour de son mariage, la jeune reine de seize ans, habillée de blanc, portait le lourd collier de perles qui couvrait entièrement sa poitrine.

François, malade, mourut deux ans plus tard, et Marie se retrouva veuve à dix-huit ans. Elle décida de repartir pour l'Écosse et conserva le collier qui était un présent personnel de la reine mère.

Nous sommes en 1561. Dans toute l'Europe, catholiques et protestants se font la guerre. En Angleterre, la reine Marie Tudor est morte en 1558 et c'est sur la tête de sa demi-sœur protestante Elizabeth qu'on dépose la couronne royale. Elle n'en a pas vraiment le droit. C'est sa cousine Marie Stuart, reine catholique, qui devait hériter du trône d'Angleterre. Elizabeth le sait. Elle attendra le bon moment pour se débarrasser de sa rivale. La destinée de la pauvre reine d'Écosse est scellée. Influençable et faible, elle se rend très impopulaire dans son pays, fait assassiner son mari et s'enfuit avec son amant. Destituée par son propre fils, elle trouve refuge en Angleterre où Elizabeth s'empare d'elle et la tient prisonnière dans un château.

Catherine de Médicis s'inquiète pour ses perles qu'elle ne voudrait pas voir tomber dans les joyaux de l'Angleterre. Elle envoie régulièrement son ambassadeur Philibert du Croc prendre des nouvelles. Elles ne sont pas bonnes.

En regardant les portraits d'Elizabeth Ire, on est surpris par le nombre de colliers de perles qui garnissent l'auguste poitrine et celui des perles brodées sur les robes de cérémonie. À n'en pas douter, la reine d'Angleterre aimait les perles et ne cachait pas son admiration pour le collier des Médicis.

En 1586, Marie Stuart est arrêtée pour complicité de tentative d'assassinat sur la reine et mise au secret. On fouille ses coffres et on enlève tous les bijoux. L'issue du procès ne fait aucun doute. Marie est exécutée en 1587. La hache du bourreau est à peine tombée qu'Elizabeth rachète le collier de perles pour une bouchée de pain. Certains historiens n'hésitent pas à dire que l'exécution de la reine d'Écosse n'était pas justifiée politiquement, mais que c'était le seul moyen de s'emparer des perles.

Catherine de Médicis va tout tenter pour racheter son collier. Elle envoie à Elizabeth des lettres et des ambassadeurs. Pour s'en faire une alliée, elle propose son plus jeune fils en mariage. Rien n'y fait. La reine d'Angleterre mourra seize ans plus tard, et c'est Jacques Ier, fils de Marie Stuart, qui monte sur le trône et hérite du collier.

Lorsque sa fille Elizabeth épouse le roi Frédéric de Bohème, Jacques Ier lui offre les perles. Elle-même les offrira à sa fille Sophie lors de son mariage avec l'Électeur de Hanovre. De ce mariage naît un fils que rien ne destine à être roi. Il n'est héritier que des perles de la Couronne. Mais le jeu des alliances royales en décide autrement. Lorsque Anne d'Angleterre meurt en 1714, la lignée des Stuart s'éteint. Les Hanovre prennent la relève, et c'est ce fils unique qui devient roi et ramène dans ses bagages les perles des Médicis qui deviennent joyaux de la Couronne d'Angleterre.

À la mort de William IV, Victoria lui succéda. Elle allait régner plus de soixante ans sur un Empire, mais sans les perles, car son cousin de Hanovre en réclamait la restitution sous prétexte que c'était un cadeau personnel à la famille. L'affaire traîna. Finalement, il reçu un collier de perles, mais rien ne prouve que ce fût celui qui avait orné le cou de quatorze souveraines. La famille de Hanovre émit des doutes. Mais alors, que sont les perles des Médicis devenues?

La Pelegrina est une perle ovale de 58,50 carats, grosse comme un œuf de caille. Elle vient des profondeurs de la mer et fut trouvée au XV^e siècle dans le golfe Persique. On perdit sa trace jusqu'en 1826 où elle apparut dans la prestigieuse collection des joyaux de la princesse russe Tatiana Youssoupov, qui pouvait rivaliser avec celles de la reine d'Angleterre et du shah d'Iran. La Révolution de 1917 surprit le jeune prince Youssoupov, assassin de Raspoutine et héritier de la collection. Il cacha une partie des bijoux dans les caves de son palais de Moscou et réussit à sortir les plus belles pièces de Russie. Durant son exil doré, il vendit peu a peu ses joyaux et se sépara de la Pelegrina en 1953.

En 1987, on retrouva la perle dans une vente de Christie's. Elle atteint le fabuleux record de 2700000 francs, devenant ainsi la plus chère du monde, battant largement le record établi par la perle de la duchesse de Windsor qui atteint la même année chez Sotheby à Genève la somme de 1800000 francs. C'est un Américain resté anonyme qui l'acquit.

L'histoire de la Peregrina, qu'il ne faut pas confondre avec la Pelegrina est étroitement liée à l'histoire de la famille royale espagnole. C'est une magnifique perle en forme de goutte pesant 71 carats. Elle fut trouvée par un soldat espagnol durant la conquête du Panamá. La perle passa de main en main avant d'être achetée pour le compte du roi d'Espagne Philippe II en 1579. Elle fut portée par la reine Isabelle en pendentif, ainsi que par la reine Marguerite d'Espagne.

Durant l'invasion du pays par les troupes de Napoléon en 1808, Murat s'empara du joyau et le remit à Joseph Bonaparte qui occupait le trône. C'est Napoléon III qui en hérita; il la vendit à un collectionneur anglais. Son ultime propriétaire fut la duchesse d'Abercorn qui à son tour vendit la pierre à un négociant. En 1969, on la retrouve dans le catalogue de vente de Christie's à New York. Richard Burton l'acheta pour l'offrir à sa femme Elizabeth Taylor dont c'était le trenteseptième anniversaire. Il la paya 37000 dollars, somme énorme pour l'époque.

La troisième perle en goutte appelée également Peregrina appartient toujours à la Couronne d'Espagne.

*Isabelle II, reine d'Espagne, portant la Peregrina en pendentif.*

Ce fut un bel échange de propos acides entre la famille royale d'Espagne et les représentants de Christie's, chacun revendiquant la propriété de la vraie Peregrina et de son histoire. On peut d'ailleurs voir, au cours des audiences ou dans les bals, la reine Sophie, épouse du roi Juan, porter son collier de perles avec la Peregrina en pendentif. L'honneur est sauf.

La Grande Croix du Sud est l'une des perles les plus célèbres par sa forme. Il s'agit de neuf perles cimentées naturellement les unes aux autres en forme de croix. La perle fut découverte dans une huître en 1886 sur les côtes d'Australie et appartient à la Couronne d'Angleterre.

La perle Hope, de forme cylindrique, pèse 450 carats. C'est la plus grosse perle connue à ce jour. Elle provient des joyaux de la Couronne de France volés en 1792. Elle fut la propriété de la famille Hope jusqu'en 1839 avant de disparaître dans l'anonymat. En 1974, la perle apparut dans une vente et fut adjugée 200000 dollars.

La plus ancienne parure de perles est conservée au musée du Louvre. Il s'agirait du collier d'une princesse achéménide du Ve siècle, découvert au début du siècle. Si beaucoup de perles sont abîmées par le temps, d'autres sont parfaitement conservées.

Et puis, pour en finir avec les histoires, l'anecdote la plus savoureuse concernant les perles...

En 1917, alors que l'Europe se terrait dans les tranchées et que le tsar perdait ses chaussettes, Pierre Cartier, de la maison du même nom, réussissait le coup le plus spectaculaire de l'histoire de la joaillerie ; il échangeait un magnifique collier de perles fines contre un hôtel particulier dans la 5e Avenue à New York.

Mme Plants, épouse d'un grand banquier américain, aimait les perles à la folie. Pierre Cartier cherchait depuis quelque temps un bon emplacement pour ouvrir une boutique à New York. Il avait remarqué ce palais de cinq étages et proposa tout simplement à M. Plants, le propriétaire, d'échanger son collier de perles fines contre l'immeuble. La transaction se fit sur la base d'un million de dollars.

En 1957, soit quarante ans plus tard, lorsque les perles de Mme Plants furent mises en vente, elles atteignirent péniblement 150000 dollars, alors que l'immeuble de Cartier était estimé à plusieurs millions de dollars.

## LES COUSINS DE LA PERLE

### LA PERLE BLISTER

On l'appelle aussi «perle japonaise» bien qu'elle vienne d'Australie. C'est une grosse demi-perle qui n'est pas une perle de culture, mais une calotte de nacre très mince qui recouvre le noyau artificiel. On s'en sert en général pour les centres de bague et les boucles d'oreilles.

### LA SOUFFLURE DE PERLE

C'est une demi-bulle nacrée qu'on trouve sur la partie inférieure de l'huître. Souvent grise, elle garnit les broches et les pendentifs.

### LA PERLE DE RIVIÈRE

C'est une perle baroque qui a la forme d'un gros grain de riz. Produite par les moules de rivière, elle a une couleur moins profonde que la perle de mer. On s'en sert pour confectionner des colliers en torsades bon marché.

### LA PERLE DE TAHITI

Les perles noires de Polynésie sont exploitées d'une façon encore artisanale. La production est faible: 200 kilos de perles noires par an. Mais l'industrie est en plein essor. Certaines perles tirent vers le bleu, le vert, le rose, l'argent ou l'or selon la nature du sel marin et la teneur en plancton. Elles sont en général plus grosses que les perles blanches et peuvent atteindre facilement 16 mm.

## LES IMITATIONS

Les fausses perles étaient fabriquées avec du verre soufflé recouvert d'un liquide verni fait d'écailles d'ablettes. On trouve encore aujourd'hui de vieux colliers de fausses perles parfaitement imitées. Pour les reconnaître, il suffit de mordre légèrement la surface de la perle. Si vos dents glissent sans s'accrocher à la matière, la perle est fausse.

La perle de Majorque est créée à partir d'un noyau de

porcelaine qui reçoit une trentaine de couches imitant la croissance de la perle à l'intérieur de l'huître. La couche est fabriquée à partir d'écailles de poissons.

## Les trucs

Pour bien entretenir vos perles, évitez le contact avec les acides, la transpiration et les parfums qui altèrent la vivacité de la perle. Un bon frottage régulier à la peau de chamois peut lui garder son éclat.

Si vous possédez une poule, donnez-lui vos perles à picorer. Un court séjour dans l'estomac du gallinacé suffira à leur redonner toute leur beauté. On raconte qu'Henri III, fils efféminé de Catherine de Médicis dont il avait hérité de la passion des perles, élevait des poules à cet usage.

La milliardaire américaine Florence Gould, qui possédait quatre rang de perles fabuleuses, les conservait dans une boîte d'or et de nacre remplie de graines de millet pour canaris. Cela permettait de garder aux perles leur éclat intact.

Faites enfiler votre collier de perles tous les ans. Rien n'est plus triste qu'un collier dont les nœuds sont devenus grisâtres et relâchés.

# Les pierres
# Les signes
# La santé

Toutes les pierres, de l'Antiquité jusqu'au début du Moyen Âge, ont représenté des symboles païens ou religieux.

Les juifs, comme tous les peuples d'Orient, se sont intéressés très tôt aux gemmes. Le grand prêtre des Hébreux portait le pectoral d'Aaron composé de douze pierres représentant les douze tribus d'Israël: la sardoine, la topaze, l'émeraude, le saphir, le jaspe, la ligure, l'agate, l'améthyste, la chrysolithe, l'onyx, le béryl, et surtout le rubis qui est par définition la pierre hébraïque.

Les hindous cultivaient dans les pierres les plus grandes croyances métaphysiques. «Celui qui porte un rubis ou un saphir de belle qualité n'est pas attaqué dans son corps par des maladies naturelles ou accidentelles.» Les textes du Buddabatha ont sûrement incité les princes des Indes à collectionner les plus belles gemmes de la terre et à s'en parer jusqu'à la légende. Et les pierres reconnaissantes fleurissaient comme des coquelicots et des bleuets dans cette terre magique semée de graines d'amour.

Le christianisme primitif professait le dédain absolu des richesses, mais l'Église a orné de pierres précieuses ses objets de culte pour symboliser la puissance divine. Elle fut en partie responsable du caractère mystique que revêtirent les pierres précieuses au XVI^e siècle dans cette Europe meurtrie par les guerres de religion. Traditionnellement, l'améthyste est la pierre des évêques parce qu'elle représente l'humilité dans la puissance.

Les Égyptiens croyaient aussi aux vertus des pierres.

Ils inséraient dans leurs boucles une cornaline figurant le sang d'Isis, qui les lavait de toutes les impuretés, et portaient des turquoises pour repousser le mal.

Le pouvoir occulte des pierres est sans limites et les vertus protectrices ou maléfiques des gemmes ont traversé les siècles et les croyances. Jusqu'au XVIIIe siècle, elles jouaient même un rôle important dans la confection des breuvages.

Le rubis est le symbole de la foi. Il apporte la gloire, le calme et la patience. Il garantit contre les graves infections, préserve de la peste, détourne les mauvais songes et chasse les mauvaises pensées. Le rubis broyé et mélangé au vin permet de ranimer les victimes de syncopes. Administré avec une boisson chaude, le rubis pilé arrête instantanément les hémorragies. On administra beaucoup de rubis d'Orient à Louis XIV, peu avant sa mort. Dissimulé sur le corps d'une femme, il trahit ses pensées les plus profondes.

Le saphir est la pierre de l'amour. Il est dédié à la déesse Aphrodite. Il est aussi le symbole de la contemplation. Pilé et mélangé à l'eau distillée, il soigne les yeux, guérit la fièvre et renforce le désir sexuel. Il est efficace contre les dépressions nerveuses. Il protège des venins et des contusions. C'est un contre-poison infaillible contre les morsures de serpent. Si vous devez traverser une région infestée de reptiles, n'oubliez pas d'emporter un saphir dans votre trousse à pharmacie.

On raconte que Richard III, au cours d'un festin, échappa à la mort parce qu'il avait remarqué qu'une étrange humidité recouvrait l'énorme saphir qu'il portait au doigt. Sur ses gardes, il ne mangea pas et préféra faire goûter les mets à son chien, qui mourut aussitôt. D'ailleurs la croyance était si forte que les coupes d'or dont se servaient les rois pour boire le vin étaient incrustées de pierres précieuses pour les préserver du poison.

Si vous n'aimez plus votre émeraude, vous pouvez toujours la piler et la mélanger dans un verre de Haut Brion 1975 pour aiguiser votre intelligence et venir à bout des devoirs compliqués de votre fils de sept ans. Mélangé à un verre de vinaigre, la poudre d'émeraude est un excellent remède pour fortifier les yeux à condition de bien supporter le vinaigre. L'émeraude signifie également la pureté et l'espoir. Elle éclate quand une vierge cesse de l'être. Placée sous la langue, elle donne des dons de voyance. Lors du prochain rendez-vous chez votre pythonisse, n'hésitez pas à regarder sous sa

*Chirurgien flamand (XVII^e siècle) et son assistant préparant certainement un remède à base de pierres précieuses pilées.* (Photo Bulloz.)

langue ! Si votre pierre est opaque, ne la portez pas pour amener votre enfant au zoo. Le Buddabatha précise bien « qu'elle entraîne le danger des bêtes féroces ».

L'opale porte malheur... Pauvre opale. Peut-être la plus fascinante des pierres dont la robe se transforme au gré des lumières. Cette réputation maudite tient au fait que les sertisseurs du siècle dernier étaient responsables des pierres qu'ils cassaient. L'opale est très fragile et un grand nombre d'ouvriers payaient de leurs deniers ces accidents très courants. Un habile bouche-à-oreille jeta la pierre aux enfers et débarrassa les sertisseurs de la corvée coûteuse des opales. Dans les pays anglo-saxons, elle protège du mal et porte chance. À qui se fier ?

Le jade est un remède connu contre les sciatiques. Posé sur la peau, il calme les douleurs. Pilé et mélangé à l'eau distillée, il soigne les maladies de reins parce que c'est un silico-alumino-sodique contenant du calcium, du magnésium et du fer. La néphrite, proche du jade, signifie en grec pierre de rein, et a longtemps servi à en soigner les maladies. Le jade est une pierre importante dans l'érotisme chinois. Placé au fond du lit, il donne de la vigueur amoureuse.

La topaze est la pierre des artistes. Goya portait une bague ornée d'une topaze gravée comme beaucoup de peintres de cette époque. Elle soulage l'asthme, la goutte, l'insomnie et chasse les idées noires.

Le corail soigne les caries et fortifie les dents. Pilé et mélangé au vinaigre, il peut servir de dentifrice. Appliqué sur une plaie, il permet une plus rapide cicatrisation.

L'améthyste préserve de l'ivresse et apaise les névralgies. Le lapis-lazuli pilé et mélangé au vin soigne les maladies de la peau. La turquoise conjure le malheur et la mort violente. Elle protège la vertu des jeunes filles. En Orient, elle détourne le mauvais œil.

L'ambre chasse les odeurs, repousse les insectes et protège des maladies. Un collier d'ambre en contact avec la peau forme un circuit électrique qui éloigne la jaunisse, les maladies de la vésicule et du pancréas. En plus, il guérit les maux de gorge et la grippe.

L'agate pilée et mélangée au vin désinfecte les plaies suppurantes. Mélangée au jus de pomme, elle guérit le délire et les maladies mentales.

Le diamant donne le pouvoir. Il signifie la joie et la pureté. Il fortifie le cœur et aide à l'accouchement. À l'occasion, il peut couper un carreau et permet de rentrer chez soi par la fenêtre de la cuisine quand on a oublié ses clés.

La perle pilée et mélangée à l'eau distillée soigne la folie. Les Chinois combattaient leurs embarras gastriques de la même manière. Quant aux Anglais, toujours excentriques, ils mélangeaient la perle pilée au brandy pour faire un fortifiant.

Il est indispensable que chaque pierre soit en harmonie avec vos vibrations et les influences planétaires qui vous gouvernent. Le tableau des signes du zodiaque de la page suivante correspond à ces influences astrales et vous indique les pierres qui vous protègent. Ces douze gemmes ornaient le pectoral d'Aaron et leur signification symbolique est associée depuis longtemps avec les douze mois de l'année et les douze signes du zodiaque.

| VOTRE SIGNE | VOTRE CARACTÈRE | VOTRE PIERRE |
|---|---|---|
| Verseau | Sincérité | Améthyste |
| Poissons | Bonheur | Rubis |
| Bélier | Sagesse | Saphir |
| Taureau | Félicité | Émeraude |
| Gémeaux | Intuition | Agate |
| Cancer | Prudence | Béryl |
| Lion | Énergie | Sardoine |
| Vierge | Fermeté | Chrysolithe |
| Balance | Émotion | Ligure |
| Scorpion | Fidélité | Topaze |
| Sagittaire | Persévérance | Onyx |
| Capricorne | Constance | Jaspe |

Chaque métal a son astre qui le détermine. Tous les corps terrestres subissent leur influence.

| PLANÈTE | MÉTAL | GEMME |
|---|---|---|
| Soleil | Or | Rubis |
| Lune | Argent | Cristal de roche |
| Mars | Fer | Diamant |
| Mercure | Mercure | Agate |
| Jupiter | Étain | Saphir |
| Saturne | Plomb | Onyx |
| Vénus | Cuivre | Émeraude |

Les pierres ont une vie intérieure qui se traduit par une influence incontestable sur les personnes qui les portent. Pour changer d'humeur, changez de bijoux selon le jour et la couleur du temps.

**Lundi**, premier jour de la semaine. La paresse est un vilain défaut. Le calme est la vertu. Portez des perles. Mais ne comptez pas trop sur les écaillers, il sont en général fermés le lundi.

**Mardi** est le jour de Mars, dieu de la guerre. Défaut: colère; qualité: courage. Portez un rubis. Si vous n'en avez pas, suppliez votre plus chère amie de vous prêter le sien pour la journée. Si elle refuse, n'hésitez pas à peindre votre aigue-marine avec du rouge à ongles.

**Mercredi** est le jour de Mercure. Défaut d'envie, mais qualité de savoir. Portez des turquoises partout, même si vos enfants trouvent que c'est trop tôt pour l'arbre de Noël.

**Jeudi** est le jour de Jupiter. Si la gourmandise est un défaut, la justice est la qualité qui vous permet de couper le gâteau en parts égales. Portez une améthyste. Si vous n'en avez pas, cherchez dans les tiroirs de votre vieille tante.

**Vendredi** est le jour de Vénus. Grand défaut de luxure, mais qualité d'affection. Portez vite une émeraude. Si vous n'en avez pas, appelez tout de suite votre mari et demandez-lui de quitter son bureau sur-le-champ pour courir vous l'acheter.

**Samedi** est le jour de Saturne. Défaut d'avarice, qualité de sagesse. Enfilez votre jean et portez des diamants pour partir à la campagne.

**Dimanche** est le jour d'Apollon. Défaut d'orgueil mais cœur charitable. Portez une topaze. Si vous n'en avez pas et que la charité commence par soi-même, portez un joli pull en cachemire.

Les couronnes royales ornées de pierres précieuses ne sont pas épargnées. Elles ont aussi révélé les funestes présages et gravé ainsi les symboles de l'Histoire.

Lors de son couronnement, le roi de France Henri III, fils de Catherine de Médicis, murmura au moment où l'on posait la couronne sur sa tête: «Elle me blesse.» Il fut assassiné.

Jacques II, roi d'Angleterre, faillit perdre sa couronne, qui glissa lors de la cérémonie. Il fut détrôné et connut une mort violente.

Lorsque George III fut sacré roi, une grosse émeraude se détacha de la couronne et roula à ses pieds. L'Angleterre perdit ses colonies d'Amérique l'année suivante.

Nicolas II, tsar de Russie, retira sa couronne qui le gênait avant la fin du sacre. Il connut une fin tragique.

La légende des pierres précieuses continue.

A gauche un brillant taille moderne.
A droite un brillant taille ancienne de forme coussin. (Photo P. Bonneau.)

Les instruments du diamantaire:
Le plateau à trier les pierres. La pelle à pierres. Le calibre aux diamants. La loupe 10 x. Les brucelles (pinces pour examiner les pierres). Outil pour mesurer les pierres. (Photo P. Bonneau.)

A gauche : Bague en or ornée d'une émeraude de Colombie entourée de brillants.
Au centre : Bague en or ornée d'un rubis de Siam serti dans un double entourage de brillants. (Photo P. Bonneau.)
A droite : Bague en or ornée d'un saphir Ceylan et de 2 diamants en forme de triangle.

Collier de perles de culture « choker ». A gauche une perle poire de 15 mm. (Photo P. Bonneau.)

Pépites d'or natif. (Photo Tatiner-Gamma.)

Établi d'un fabricant de bijoux et ses outils. (Photo P. Bonneau.)

Pendants d'oreilles Napoléon III garnis de brillants, de diamants en roses, perles et citrines. (Photo P. Bonneau.)

Bracelets en platine brillants Art Déco en platine brillants et calibrés de pierres de couleur. Van Cleef et Arpels 1923.

Pendentif en platine serti de diamants baguettes et de brillants et orné d'une émeraude octogonale. Van Cleef et Arpels 1925.

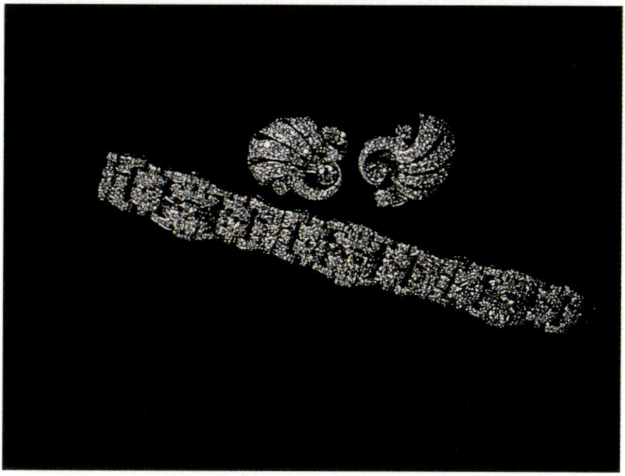

Bracelet en platine diamants et brillants. Double clip en platine et brillants. (Photo P. Bonneau.)

Collier or et brillants (tubogaz) avec motif en drapé 1945. (Photo P. Bonneau.)

Bijoux d'artiste. Pendentif. Le mariage du métal vil, un clou rouillé, et du métal précieux, un clou en platine pavé de brillants. Enlacement et fascination. Youri Kuper 1988. (Photo P. Bonneau.)

Bijoux d'artiste. Broche. La plume en or et sa goutte d'encre bleue représentée par un saphir poire. (Photo P. Bonneau.)

Collier de tourmaline en or jaune avec tranches et cristaux de tourmalines. Jean Vendome. (Photo J.-P. Beaudet.)

Collier tubogaz en acier avec une pièce de monnaie romaine, authentique, montée en or. Bulgari.

Bagues «tonneau» en or traité canon de fusil avec un jeu de six cabochons: saphir bleu foncé, saphir bleu pâle, saphir jaune, émeraude, rubis, tourmaline. Poiray.

# La vie privée des pierres et des bijoux

La collection des joyaux de la Couronne de France fut commencée sous François Ier, et connut son apogée avec le règne de Louis XIV. C'était la plus belle collection de gemmes, enviée par l'Europe entière.

La Révolution de 1789 s'empara des joyaux qui quittèrent Versailles pour être entreposés dans le Garde-Meuble national, où se trouve aujourd'hui le ministère de la Marine. L'endroit était peu sûr et très mal gardé. L'Assemblée vota la vente des bijoux, mais elle n'eut jamais lieu car au matin du 16 septembre 1792, les gardiens éberlués constatèrent que la plupart des pierres avaient été volées pendant la nuit. On en retrouva très peu.

L'Empire tenta de constituer de nouveau la collection, mais un second coup du sort devait atteindre les joyaux de la Couronne. En 1887, la IIIe République vota la destruction et la fonte de tous les bijoux. Une grande partie des pierres devait être mise en vente et le reste réparti dans les musées nationaux. Cette décision malheureuse fut prise pour alimenter les caisses vides de l'État, mais également pour des raisons politiques, afin d'effacer définitivement le pouvoir de l'Empire et des symboles qui s'y rattachaient. Le jeudi 12 mai, au pavillon de Flore, sous le marteau de maître Escribe commissaire-priseur, furent dispersés en quarante-huit lots 54403 brillants, 21119 roses, 2963 perles, 507 rubis, 312 émeuraudes et 136 saphirs. C'est la maison Tiffany de New York qui racheta la plus grande partie des pierres.

Que reste-t-il aujourd'hui des diamants de la Couronne de France ?

*Les joyaux de la Couronne de France, sortis de leurs écrins, et cassés dans dans les musées.* (Document Illustration. Diffusion Sygma.)

**LE RÉGENT**

Le Régent fait partie de l'Histoire de la France.

Il est considéré comme le plus beau et le plus pur des diamants connus à ce jour. Son histoire commence en

*les sous-sols du ministère des Finances, pour être vendus ou répartis*

1607, lorsqu'un esclave travaillant sur les mines de Golconde dans la province d'Hydérabad en Inde trouva une pierre enfouie dans la terre. Trompant la surveillance des gardes du rajah, il partit pour Madras et tenta de négocier son trésor auprès du capitaine d'un navire anglais.

Lorsque l'esclave sortit le diamant de sous ses haillons, le marin n'en crut pas ses yeux. C'était une énorme pierre pesant 410 carats, grosse comme un pavé. Ne pouvant résister à son sang d'aventurier, il poignarda l'esclave pour s'emparer du diamant, qu'il revendit aussitôt à un riche marchand indien pour quelques milliers de dollars. La pierre disparut pendant quelques années. Lorsque Thomas Pitt fut nommé gouverneur de Madras, on lui présenta le diamant. Pitt, fasciné, acheta la pierre pour 100000 dollars après un long marchandage. Lors de son retour à Londres, il la donna à tailler. La taille prit deux ans, mais cela en valait la peine. C'était maintenant un splendide diamant coussin d'un poids de 140,50 carats.

*Le Régent.*

Aussitôt une campagne de calomnie se répandit dans toute la Grande-Bretagne accusant le gouverneur de s'être approprié la pierre dans d'étranges circonstances. Le diamant devint son cauchemar. De crainte qu'on le lui vole, il ne dormait plus. Malade et à bout de nerfs, Pitt décida alors de s'en séparer. Mais ce n'était pas chose facile. Comment pouvait-il en déterminer la valeur puisque aucune pierre de cette grosseur n'avait jamais été mise en vente? Le prix demandé fit reculer toutes les familles royales d'Europe. Même Louis XIV n'osa pas l'acheter.

Malgré tous ces malheurs, la chance allait sourire au gouverneur. La mort de Louis XIV amena sur le trône de France son petit-fils, Louis XV, alors âgé de cinq ans. En attendant qu'il puisse gouverner un jour, le duc d'Orléans devint régent. Pour flatter sa vanité et montrer sa puissance à toute l'Europe, il se porta acquéreur du diamant pour le compte de la Couronne de France. Il paya la pierre 500000 dollars et la baptisa en toute simplicité le Régent. La somme était fabuleuse pour l'époque et le Trésor de la Couronne mit un certain temps pour résorber le trou financier. La réputation du duc d'Orléans n'en fut pas plus glorieuse.

Louis XV porta le Régent sur sa poitrine, Marie-Antoinette le piqua dans ses cheveux. Volé en 1792 avec les autres pierres, il fut retrouvé peu de temps après, mystérieusement caché dans la plinthe d'un grenier. Mais déjà le petit général montrait le bout de son chapeau. Le Régent servit de garantie pour couvrir les dettes du Directoire et emprunter de l'argent auprès des banquiers allemands. Quand Bonaparte prit le pouvoir, il gagea à nouveau le diamant pour équiper ses soldats et devenir Napoléon Ier. Par reconnaissance, il fit monter la pierre par le joaillier Nitot sur la garde de l'épée d'apparat qui servit pour son couronnement.

Après la défaite de Waterloo, l'impératrice Marie-Louise quitta Paris avec l'épée du sacre et la cacha au château de Blois. Lorsque Napoléon abdiqua, elle emporta le Régent à Vienne. Son père, l'empereur d'Autriche, le restitua à Louis XVIII. Avec la monarchie retrouvée, le diamant fut monté sur la couronne de Charles X, puis sur le diadème de la belle impératrice Eugénie. Lors de la vente des diamants de la Couronne sous la IIIe République, le Régent n'était heureusement pas inclus dans la liste, le prix étant encore une fois trop élevé pour qu'on puisse trouver acheteur.

En 1940, l'arrivée des troupes allemandes obligea le gouvernement à retirer le Régent du musée du Louvre où il était exposé. Pensionnaire des châteaux de la Loire, il fut caché à Chambord derrière un panneau secret. Le maréchal Goering qui le réclamait comme prise de guerre en fut pour ses frais.

À la fin de l'occupation, le Régent regagna le Louvre et la galerie d'Apollon. Après avoir été le soleil des grands de France, il pend tristement sur un fond clair et sale dans une vitrine de verre qui ressemble à un sarcophage.

**LE SANCY**

Deuxième fleuron des diamants de la Couronne, le Sancy a la particularité d'être le premier diamant taillé avec des facettes symétriques. Il est en forme de poire et pèse 55 carats. Il fut tout d'abord acheté par le marquis de Sancy, alors ambassadeur de France à Constantinople, qui lui donna son nom. Lorsque le diplomate revint dans son pays, le Sancy devint la coqueluche des rois. Henri III adorait s'affubler de bijoux: il emprunta le diamant pour le porter sur son chapeau. Henri IV, lui, le porta aux banquiers pour garantir ses emprunts.

Au bout de trente-cinq ans, las de servir de poire à la Couronne, le marquis récupéra la sienne. La reine Elizabeth Ire d'Angleterre, qui le convoitait depuis long-

*Le Sancy.*

temps, l'acheta et le fit sertir sur son collier d'apparat. Le Sancy était devenu anglais. Plus tard, lorsque Cromwell proclama la République, la pauvre reine Henriette d'Angleterre, tante de Louis XIV, s'enfuit en emportant la pierre dans ses bagages. Mais Paris ignora cette reine déchue qui fut contrainte de vendre son diamant pour survivre. Mazarin, grand collectionneur de gemmes, l'acheta pour une bouchée de pain. À sa mort, il légua toute sa collection, soit dix-huit diamants, à Louis XIV et à la Couronne de France. Le roi porta le Sancy en agrafe, Louis XV le fit monter sur sa couronne. Il surmontait le lys à son sommet tandis que le Régent garnissait le dessus du bandeau frontal. Volé en 1792 avec les autres diamants, on ne le retrouva pas tout de suite. Que n'a-t-on pas dit sur le vol de ces pierres! On prétendit même que la victoire de Dumouriez à Valmy sur l'armée de Brunswick fut achetée avec une partie des diamants volés. Napoléon, fin stratège, ne s'expliquait pas autrement l'étrange retraite de l'ennemi.

Le Sancy disparut pendant trente ans. En 1828, il fut vendu par un négociant parisien au fastueux prince Demidov pour la somme de 100000 dollars, puis acheté par un joaillier français et présenté à l'Exposition universelle de Paris en 1867. Le milliardaire américain William Woldorf Astorg en fit l'acquisition pour la somme folle de 500000 dollars. La malheureuse Henriette devait se retourner dans sa tombe.

Après d'interminables négociations avec les héritiers de la famille Astorg, les musées de France achetèrent le diamant en 1978 pour la somme de 1 million de dollars. Rentré discrètement au cours d'une petite cérémonie émouvante, le Sancy se trouve aujourd'hui dans la galerie d'Apollon au Louvre, accroché aussi tristement que son vieux complice le Régent.

### LE BLEU TAVERNIER

Jean-Baptiste Tavernier, négociant en pierres précieuses, grand voyageur et premier courtier de l'histoire, fit l'acquisition en Inde d'un diamant de 112,25 carats, taillé de façon rudimentaire en forme de cœur, dont la particularité était son extraordinaire couleur bleutée. Nous étions en 1642 et Louis XIV régnait sur une France majestueuse. Conseillé par son ministre Mazarin, le roi acheta la pierre en 1668, fasciné par la couleur profonde de ce ciel magique. Pitau, le tailleur royal, retailla le diamant en forme de goutte d'un poids de 67,50 carats, gros comme une amande. Louis XIV l'appela de Diamant bleu. C'est le plus beau des diamants de la Couronne. Il ornait la Toison d'or.

Le Diamant bleu disparut en même temps que le Régent et le Sancy, mais il ne fut jamais retrouvé.

C'est pourtant là que son histoire commence après une chirurgie esthétique et sous une nouvelle identité.

**LE HOPE**

Il apparut mystérieusement en 1830 sur le marché du négoce de Londres, venant de nulle part. Aucune trace à laquelle le rattacher pour lui donner un passé. Ce diamant de 44,50 carats, d'un bleu profond, est sans doute une partie du corps du Diamant bleu. Vendu en Grande-Bretagne après le cambriolage du Garde-Meuble, il fut clivé en deux parties qui donnèrent le Hope et le Brunswick. Henri Philip Hope, banquier américain et collectionneur de diamants de couleur, acheta la pierre et lui donna son nom.

Il resta dans la famille jusqu'en 1901. Des difficultés finanicières obligèrent les héritiers à se séparer du diamant. Il fut mis aux enchères à Londres et adjugé 400000 dollars à un négociant pour le compte du sultan Abdul Hamid, sanguinaire potentat de Turquie. Chassé de son trône en 1909, le sultan, la même année, mit tous ses joyaux en vente à la salle Drouot de Paris par l'intermédiaire d'un courtier avec lequel il entretenait des relations d'affaires. La vente, qui devait être spectaculaire, tourna au désastre. Le Hope fut adjugé 80000 dollars à un négociant français qui le céda au joaillier Cartier moyennant une commission. De l'avis de tous les experts, la pierre avait été bradée.

En 1911, le joaillier vendit le Hope pour 180000 dollars à une riche et excentrique Américaine, Evalyn MacLean, femme du propriétaire du *Washington Post*, folle de pierres précieuses, et qui avait coutume de dire: «Quand je ne porte pas mes bijoux, on appelle aussitôt un médecin car c'est signe que je suis malade.»

À sa mort, en 1947, toute sa collection de pierres précieuses fut mise en vente. C'est le joaillier Harry Winston qui acheta les pierres et offrit le Hope en 1958 au Smithsonian Institute de Whashington.

Depuis cette date, le Hope, Diamant bleu de la Couronne de France tronqué de son quart, vit dans une épaisse cage de verre, elle-même enfermée dans une chambre forte ouverte à certaines heures de la journée sous la haute surveillance d'un système de protection électronique très sophistiqué.

Lorsque en 1962, le Louvre organisa une exposition pour les cent ans de la joaillerie française, les organisateurs, avec un humour involontaire, demandèrent que le Hope soit présent à cette rétrospective avec le Régent et le Sancy. Le conservateur du Smithsonian Institute refusa de prêter le diamant sous prétexte que les garanties de sécurité n'étaient pas suffisantes. Il fallut l'intervention d'André Malraux, ministre de la Culture, pour que les choses s'arrangent. En compensation, le Louvre prêta *la Joconde* à la National Gallery de Washington. Aujourd'hui, le Hope est devenu la plus grande star du monde des gemmes.

### LE BLEU BRUNSWICK

Le petit frère du Hope pèse 13,75 carats. C'est l'autre partie du corps du Diamant bleu avec le même phénomène de couleur bleutée. Il porte le nom du duc de Brunswick, grand collectionneur de pierres précieuses et propriétaire du diamant. En 1874, un an après la mort du duc, une grande partie de ses joyaux furent éparpillés au cours d'une vente. Nous n'avons aucune trace de la pierre qui dort probablement au fond d'un coffre.

### LE GRAND CONDÉ

Ce magnifique diamant rose de forme poire pesant 9,01 carats ne fait pas partie des joyaux de la Couronne. Gros comme une pistache, il fut offert par Louis XIII au prince de Condé en récompense de ses faits militaires au service du pays. La famille de Condé en fit don à la France en 1892. Il est exposé au château de Chantilly.

***

Les familles royales d'Europe détenaient de fabuleux bijoux, mais au cours des guerres et des révolutions, beaucoup furent volés, détruits ou dispersés dans les ventes. En 1918, à la fin de la Première Guerre mondiale, lorsque royaumes et empires furent balayés dans la tourmente de la défaite, on vit apparaître sur le marché du négoce de fantastiques collections. L'histoire des Habsbourg, chassés par la révolution socialiste d'Autriche qui suivit la défaite, est l'exemple même du sort des grandes familles régnantes.

En 1916, Charles François-Joseph succède à son grand-oncle François-Joseph, le vieil empereur d'Autriche, roi de Hongrie et mari de la belle Sissi. Charles Ier est couronné à Budapest avec sa femme Zita. Mais l'Empire se brise en 1918, et il est obligé de se

*Charles François-Joseph, empereur d'Autriche et roi de Hongrie, couronné à Budapest, avec l'impératrice Zita et le prince Othon.* (Photo Roger Viollet.)

réfugier en Suisse, emportant avec lui les joyaux des Habsbourg qui appartiennent à la famille.

En 1921, le jeune empereur, s'il a définitivement renoncé à l'Autriche, croit encore possible de remonter sur son trône de Hongrie. Pour financer la tentative de restauration, il faut de l'argent. Une exposition des joyaux est organisée à Lucerne. Couronnes, diadèmes, ordres en tout genre ruisselants de pierres précieuses, bijoux historiques qui avaient brillé dans toutes les grandes fêtes de la Cour, tout ce qu'une famille impériale, la plus puissante d'Europe, avait accumulé en dix siècles, est offert à la convoitise des marchands et des collectionneurs venus du monde entier.

Sur plusieurs grandes tables, les joyaux sont exposés. La couronne de l'impératrice Zita et les bijoux d'Élisabeth de Bavière furent vendus. Une autre partie des bijoux furent emportés en Amérique du Sud par un proche de l'empereur, pas très honnête, qui disparut sans laisser de traces. Parmi eux se trouvait une broche en diamant au milieu de laquelle était serti le Florentin, un diamant historique.

La tentative de restauration échoua. Charles et Zita furent exilés à Madère où le dernier empereur d'Autriche mourut prématurément l'année suivante. Quant à l'impératrice Zita, elle vécut plus tard une vie simple près de Saint-Sébastien. C'est dans un petit port de pêche, Lequeitio, qu'est venue sombrer la dynastie maîtresse d'un double empire.

## LE FLORENTIN

Ce diamant des Indes pèse 137,27 carats. Sa couleur est un peu jaune, mais il a la particularité d'être un des tout premiers diamants taillés. C'est une pierre très épaisse et irrégulière avec neuf côtés et cent vingt-six facettes à double roses à dôme, travail extraordinaire d'intelligence et de patience pour cette époque, dont le seul ordinateur était le savoir.

Le Florentin est une pierre chargée de légendes. En 1467, il appartenait à Charles le Téméraire qui l'avait fait tailler à Bruges. Le duc de Bourgogne aimait les pierres à la folie. Il les portait toutes au cours de ses batailles, croyant à leur pouvoir mystique. Vaine croyance. Il perdit la vie devant Nancy, en 1477, et, du même coup, le diamant. On dit qu'un soldat à pied trouva le corps du duc gelé dans la rivière et s'empara de la pierre. Croyant que c'était un morceau de verre sans valeur, il l'échangea contre un sou.

Il fallut attendre 1657 pour retrouver une vraie trace du diamant. Jean-Baptiste Tavernier le découvrit au milieu des trésors de Laurent de Médicis, puissant duc de Toscane. Il devint le Florentin. En 1743, il passa des Médicis aux Habsbourg par héritage. L'empereur François d'Autriche le fit sertir sur sa couronne. Il resta dans la famille jusqu'à la Première Guerre.

La légende, suivant son cours naturel, offre beaucoup de mystères. On prétend que le Florentin revint à Vienne et qu'il est la partie cachée des joyaux impériaux dont on peut encore voir de nombreuses pièces au Kunsthistorisches Museum de Vienne. Mais cela a été formellement démenti. On dit aussi que le Florentin a été vendu en secret et qu'il se trouve très probablement dans le coffre d'un collectionneur discret.

Un autre mystère n'est pas près d'être élucidé. En 1923, réapparut sur le marché américain un diamant pesant 99,52 carats, en forme de coussin, appelé le Shah

*Le Florentin.*

d'Iran. On parla aussitôt de diamant retaillé ayant changé d'identité car il offrait beaucoup de similitudes avec le Florentin. Ce fut une levée de boucliers. Le Shah de Perse n'avait rien de commun avec le Florentin, c'était un diamant qui avait sa propre histoire. Il faisait partie des trésors de Delhi que Nadir Shah, roi de Perse, avait saisis lors de sa conquête en 1739.

Beaucoup plus tard, la pierre fut offerte à un général russe, expert militaire, qui avait modernisé l'armée iranienne. Celui-ci l'aurait alors revendu aux États-Unis. Le récit n'est pas très convaincant. Pourquoi le tsar de Russie aurait-il envoyé un expert militaire pour moderniser l'armée d'un ennemi éventuel ? Qui est cet expert fantôme dont on ne trouve nulle part la trace ? Quoi qu'il en soit, l'histoire du Florentin n'a pas encore fini de s'écrire à l'encre de rêve.

***

Commencée au XVe siècle, la collection impériale des joyaux du tsar de Russie s'enrichit sous Pierre le Grand, esthète et visionnaire. Elle connut son apogée sous Catherine II et se perpétua jusqu'au dernier des tsars en 1917. Aucune collection de bijoux n'était comparable à celle de la famille royale de Russie.

Si les premiers joyaux furent très inspirés par Byzance et l'Orient, les Romanov, bien qu'ils ne fussent pas tous de grands tsars, leur donnèrent une couleur plus occidentale. Vers la fin du XIXe siècle, les joyaux connurent un merveilleux raffinement, inégalé à ce jour, avec les objets-bijoux du joaillier de la Cour impériale, Carl Fabergé. Il s'agit de petits objets en or aux décors d'émail et ornés de toutes les variétés de gemmes précieuses. Les tsars et les tsarines adoraient particulièrement les œufs, symboles de chance, dont le palais des Armures dans l'enceinte du Kremlin expose la plus belle collection.

La Russie des Tsars aimait les bijoux. Les diamants scintillaient sous les lustres des palais de Saint-Pétersbourg. La collection des joyaux de la princesse Youssoupov était célèbre et pouvait être comparée à celle de la reine Victoria d'Angleterre. Mais la Révolution éteint les bougies de la fête. Le premier soin des Soviétiques est de faire main basse sur tous les joyaux qui se trouvaient en Russie, aussi bien ceux du tsar que ceux des princes. Les coffres sont ouverts à l'insu des proprié-

*Les joyaux de la couronne impériale de Russie dont les Soviétiques se dessous: le sceptre orné du diamant orlov.* (Photo Illustration. Coll. privée.)

taires et tous les bijoux confisqués au nom du peuple. Dans les palais désertés, les ouvriers ont trouvé, murées dans des caves, des parures merveilleuses que les familles avaient cachées avec la certitude de revenir bientôt. La valeur totale des trésors saisis par les Soviétiques est immense. Devant tant de richesses, une commission est nommée pour assurer l'expertise des pierres. Un mois plus tard, ses membres sont accusés de trafic et une partie d'entre eux fusillés. Une deuxième commission est mise en place. Parmi les experts, on trouve le propre fils de Fabergé et plusieurs experts français.

*sont emparés. Au centre, la couronne impériale de Catherine II, au-*

On chiffre à des millions de dollars le total des bijoux. C'est un fabuleux amoncellement de diamants, de perles et de pierres de couleur déposées dans des caisses, qui rappelle les trésors des pirates. Les insignes, ordres, broches, diadèmes, colliers, bracelets, et même les éventails d'or et de plumes, sont cassés. Pour faire triompher la Révolution et exporter la propagande, il faut des devises. Le gouvernement soviétique n'hésite pas à mettre en vente une grande partie des bijoux saisis. La moitié de l'opulence de l'ancienne Russie est jetée sur le marché international en 1927. La plupart des pierres sont vendues à Londres et achetées par des Américains.

Après tout, n'est-ce pas normal, puisque le tsar de Russie et le roi d'Angleterre étaient cousins issus de germains ?

En 1967, les Soviétiques organisèrent, au palais des Armures, une exposition des fonds de diamants de l'U.R.S.S. Parmi les couronnes d'apparat des tsars du XV^e^ siècle et la grande couronne impériale de Catherine II, on pouvait admirer le fameux diamant Orlov, serti sur le sceptre impérial des Romanov.

**L'ORLOV**

L'origine de ce diamant n'est pas très sûre. Devenu orphelin, il voulut se venger des personnages qui avaient changé son nom.

Le comte Grigori Grigorievitch Orlov est un brillant officier et un héros de la guerre. C'est le personnage pitoyable de la folle histoire qui porte son nom.

Aux alentours de 1650, on découvrit en Inde, dans une mine de la province d'Hydérabad, un diamant d'une belle couleur pesant 787,50 carats, gros comme un pavé. Il appartenait au shah Jahan, Grand Mogol des Indes, qui avait fait construire le Taj Mahal pour y ensevelir son épouse bien-aimée, Mumtas Mahal. Le diamant brut fut remis à un tailleur vénitien qui le tailla comme une pyramide couronnée de deux cent quatre-vingts facettes pour un poids final de 280 carats. La perte de matière dépassait les 500 carats ! Le roi faillit devenir fou quand le Vénitien lui présenta la pierre dans un coffret de bois précieux. Elle avait la forme étrange d'un œuf coupé par le milieu, sorte d'obus facetté sans grande brillance. La légende cruelle raconte qu'en paiement le Vénitien reçut autant de coups de fouets que de carats perdus. Lors d'un de ses voyages en Inde en 1665, l'infatigable Jean-Baptiste Tavernier vit le diamant qu'il dessina et décrivit avec beaucoup de détails.

En 1739, le roi de Perse, Nadir Shah, écrase l'armée indienne, pille la ville de Delhi et se fait sacrer empereur avec le titre de Grand Mogol. Quelques années plus tard, il est assassiné par des officiers félons, et le diamant disparaît. Ainsi pourrait s'achever l'histoire du diamant du Grand Mogol, mais ce ne serait plus une légende.

L'Orlov est un diamant facetté qui ressemble à un

*Le Grand Mogol.*

œuf coupé par le milieu. Il pèse 199,60 carats et rappelle étrangement celui que décrivit Tavernier. Le Grand Mogol aurait été retaillé, pour que son éclat soit amélioré. Les spécialistes sont unanimes à penser que c'est la même pierre provenant d'un gemme d'origine indienne reconnaissable à sa couleur un peu verdâtre. C'est pourquoi ils sont associés dans la même aventure, même si l'histoire de leur enfance est différente.

Le diamant Orlov serait l'un des yeux d'une statue consacrée à l'adoration de la déesse Vichnou. Nous sommes dans les Indes au milieu du XVIIe siècle. L'armée française occupe Pondichéry, port militaire et commercial animé par le Comptoir des Indes. Portugais, Anglais, Français se mêlent dans cette ville du Sud aux odeurs d'épices. Un soldat déserteur entend parler d'un temple situé dans la jungle au nord de la ville, où se trouverait la statue d'une déesse dont les yeux seraient deux énormes diamants.

Après cinq jours de recherche, il retrouve l'emplacement du temple, protégé seulement par un petit muret. La nuit venue, il s'introduit dans le lieu sacré et vole un des diamants. Mais, pris de peur, il se sauve sans emporter le deuxième. De retour à Madras, il vend la pierre à un officier anglais pour 2000 dollars. Lequel le cède à un négociant juif pour 10000 dollars. Lequel le vend aussitôt à un Arménien pour 50000 dollars...

Pendant que ces transactions s'attachent à la trame de l'intrigue, la grande-duchesse Catherine ouvre le bal à Saint-Pétersbourg dans les bras de l'élégant Grigori

*L'Orlov.*

Orlov qui vient de lui être présenté. Dès le lendemain, il devient son amant, et l'exécuteur de ses basses œuvres. C'est lui qui va faire assassiner le grand-duc, devenu tsar en 1762, pour permettre à Catherine d'accéder au trône. La tsarine amoureuse voudrait épouser son fringant officier, mais ses conseillères la dissuadent car il est mêlé à trop d'intrigues.

Pour se consoler, elle le fait comte et inspecteur général des armées. Mais les sentiments des femmes sont parfois capricieux. Après avoir follement aimé Orlov, Catherine lui ferme sa porte et valse déjà dans les bras du beau comte Vassiliev. L'orgueilleux militaire ne peut supporter d'être ainsi «craché comme un noyau de cerise», selon ses propres termes, alors qu'il était sur le point de l'épouser. Pour se remettre de sa déconfiture et avant de devenir la risée de Saint-Pétersbourg, il s'éloigne de cette Russie où s'effondrent ses rêves.

C'est à Amsterdam que nous retrouvons l'Arménien de Londres. Il tente de négocier son diamant. Sachant que la tsarine est friande de pierres, le malin négociant fait courir le bruit dans la colonie russe qu'il détient le plus beau diamant du monde et qu'il est prêt à le céder à un prix raisonnable. Le chant des sirènes ne tarde pas à caresser l'oreille fine de Catherine qui fait venir le marchand à Saint-Pétersbourg pour se faire présenter le diamant en présence de son joaillier personnel, Lazarev. L'affaire n'aboutit pas car le prix demandé est beaucoup trop élevé.

Deux ans plus tard, en 1775, le comte Grigori Orlov promène à Amsterdam son orgueil bafoué. La colonie russe lui parle du diamant, des regrets de la tsarine et lui laisse croire qu'en offrant la pierre à Catherine II il peut espérer un retour en grâce. Orlov va s'accrocher à cet espoir. Il rachète le diamant pour la somme folle de 450 000 dollars et lui donne son nom. Il doit vendre tous ses biens pour réunir l'argent. Le comte rentre en Russie avec la pierre et l'offre à sa reine.

Catherine accepte le présent et lui donne en retour un palais de marbre blanc et une magnifique émeraude gravée de son profil, mais la porte de ses appartements lui reste interdite. Elle danse maintenant dans les bras du beau Grigori Potemkine sous les lustres de cristal du palais impérial. C'en est trop pour le «noyau de cerise» qui commence à en perdre la raison. Par dépit, il épouse sa cousine, qui meurt de tristesse à Lausanne. Au fond de lui, Orlov espère encore. Il revient à Saint-Pétersbourg où Catherine refuse de le recevoir. Sa raison lui échappe. On l'enferme dans un asile où il meurt l'année suivante, en 1783.

La tsarine ne portera jamais le diamant. Elle le fera poser au sommet de son sceptre, juste au-dessous de l'aigle impérial.

***

Jacques Ier, fils de Marie Stuart, succède à Elizabeth sur le trône d'Angleterre, et déclare les joyaux de la Couronne propriété du royaume. Lorsque Cromwell prend le pouvoir, son régime puritain veut montrer l'exemple de la simplicité en détruisant tous les bijoux et en fondant l'or dans un acte de vandalisme inutile. Il faudra attendre le début du XIXe siècle pour que renaisse vraiment la collection royale d'Angleterre.

Les joyaux de la Couronne sont les plus beaux du monde. Si les bijoux, par eux-mêmes, ne sont pas très élégants, les pierres précieuses sont spectaculaires et légendaires. C'est sous le règne de Victoria, à la fin du XIXe siècle, que la manne se mit à tomber à mesure que l'Empire s'agrandissait. Des diamants de rêve s'accumulaient dans le trésor royal, qui donnait aux Anglais une image de conquérants invincibles. L'Angleterre est le dernier pays où l'on couronne les rois qui portent sur leur tête les souvenirs de l'Empire éclaté.

La collection de bijoux personnels de la famille royale

est la plus belle du monde, avec celle que la reine de Hollande reçut par héritage. Ce sont des pierres historiques qui remontent au XVIe siècle. Certaines furent reçues en cadeau, d'autres proviennent d'héritages. Les plus beaux joyaux furent acquis par Edouard VII, dont la femme, la belle Alexandra, aimait à s'en couvrir en toutes circonstances. La reine Mary, qui lui succéda, acheta les plus belles pièces de la collection de sa tante, l'impératrice Marie Féodorovna, mère du tsar Nicolas II, collection qui fut mise en vente à Londres.

Aujourd'hui, la reine Elizabeth porte souvent les bijoux dont elle est l'héritière, au cours de cérémonies ou bien de déplacements officiels à l'étranger. Sa fille et ses deux belles-filles semblent également aimer les bijoux. On les voit, souriantes, sur les photos des magazines, porter les joyaux centenaires de façon peu protocolaire.

*Le roi George V et la reine Mary, lors de leur couronnement. Le Cullinan I en forme de poire se trouve sur le sceptre impérial. Sur le bandera de la couronne impériale, le Cullinan II.*
*Sur la couronne de la reine: le Koh-i-Noor, au centre; le Cullinan III, en haut et le Cullinan IV sur le bandeau.*

**LE KOH-I-NOOR**

Jusqu'à la découverte du diamant Cullinan en 1905, le Koh-i-Noor était le plus gros diamant de la Couronne d'Angleterre et du monde.

Son histoire commence au XVe siècle, lorsque le premier des empereurs mogols battit le rajah de Gwalior lors d'une bataille et pilla ses trésors parmi lesquels se

*Le Koh-i-Noor.*

trouvait le diamant Koh-i-Noor. En 1650, l'arrière-petit-fils du premier empereur, le shah Jahan, se fait voler son trône par son propre fils Aurangzeb qui l'enferme au fort d'Agra et conserve le diamant. Il meurt en 1707 et le cède à son fils Mohammed Shah qui sera le dernier empereur mogol.

Pendant que son empire s'éteint lentement, tout près de là, un ancien berger, Nadir, prend le pouvoir en Perse et commence ses grandes conquêtes. Après avoir défait les Turcs et les Afghans, plus rien ne le sépare de l'Inde. Mohammed Shah n'est pas de taille à résister. Déjà, Nadir marche sur Delhi et saisit les biens de l'empereur. Mais il ne trouve pas le Koh-i-Noor dont les poètes d'Orient vantent si bien la beauté. Les deux shahs en viennent aux mains. Mohammed jure sur Allah qu'il ne sait pas où se cache le diamant. Nadir ordonne de fouiller le palais du sol au grenier et des milliers d'hommes participent aux recherches. Les trésors s'entassent, mais le Koh-i-Noor reste introuvable. Le roi de Perse s'impatiente. Esclaves et serviteurs du palais sont exécutés en représailles. C'est une concubine du harem, certainement insatisfaite, qui trahit le secret : l'empereur cache toujours le diamant dans son turban. Nadir, qui connaît bien toutes les ficelles de l'Orient, annonce qu'il va quitter Delhi et organise pour son départ un grand festin auquel l'empereur est convié.

Au cours de la fête, le roi propose à son invité d'échanger les turbans en signe de réconciliation, comme le veut la coutume orientale. Mohammed Shah ne peut pas refuser et les deux hommes échangent leur coiffe. Retiré sous sa tente, Nadir déroule le turban et trouve le diamant. «Koh-i-Noor !» s'écrit-il, émerveillé par cette montagne de lumière. Le diamant venait d'être baptisé et changeait de turban.

Le Koh-i-Noor ne va pas porter chance à Nadir Shah. Son armée se révolte, saccage et brûle Delhi, ramenant en Perse un énorme butin. Le roi, grisé par ses conquêtes et sa puissance, devient un tyran cruel. Il est poignardé un an plus tard par un officier de sa garde. Après l'assassinat de plusieurs shahs et quelques soulèvements, le diamant se retrouve en Afghanistan. Mais en 1810, un coup d'État oblige le roi à fuir en exil, emportant avec lui le Koh-i-Noor. Il trouve refuge chez le maharadja Ranjit Singh, roi des Sikhs et lion de Penjab. Le cœur de l'État du Penjab est l'ancienne capitale de l'Empire des Mille et Une Nuits, Lahore, la plus belle ville des Indes, parée des plus beaux monuments comme la mosquée impériale d'Aurangzeb, le sépulcre de marbre de Jehangir et le mausolée de Noor Jahan l'impératrice.

Là vivent quelques millions de Sikhs, reconnaissables à leurs barbes florissantes et leurs chevelures nouées en chignon sous les turbans multicolores. La religion sikh fut fondée au début du XVIe siècle par un hindou qui essaya de concilier en une seule religion les musulmans fanatiques et les hindoux polythéistes. Le temple d'or d'Amritsar, deuxième ville du Penjab, est le sanctuaire le plus sacré des Sikhs. L'écroulement des Mogols leur permet de se tailler un royaume dont Ranjit Singh est le roi.

Il accepte de donner asile au shah afghan, mais il veut le Koh-i-Noor en échange de sa protection. Le shah remet le diamant au maharadja, qui le fait monter au centre d'un large bracelet, entouré de rubis. Il le portera à son poignet jusqu'à sa mort en 1839.

Cette disparition sonne le glas du royaume du Penjab. La guerre civile éclate dans le nord de l'Inde, permet aux Anglais d'envoyer des troupes et d'annexer toute la province. Le traité de 1849 oblige le dernier fils du maharadja, Duleep Singh, à renoncer, et ses héritiers avec lui, au trône du Penjab. Une clause l'oblige même à «offrir» à la reine Victoria d'Angleterre le précieux Koh-i-Noor. En échange de quoi lui et sa famille recevront une pension annuelle. L'opinion publique anglaise, loin de se réjouir, trouve qu'il est injuste de déposséder Duleep Singh de cette façon. De violentes controverses ébranlent la Chambre des communes.

Le diamant quitte néanmoins les Indes le 6 avril 1850, et franchit les grilles de Buckingham Palace le 3 juin. Pour apaiser l'opinion, on fait venir le jeune maharadja au palais pour être présenté à la reine. Le gentil Duleep Singh a bien appris sa leçon. Il remercie publiquement la reine de l'avoir sauvé de ses ennemis, l'informe qu'il est très heureux en Angleterre, et ravi que le Koh-i-Noor appartienne maintenant à la reine.

Avant même sa première apparition, le diamant est devenu une star. Pour satisfaire la curiosité grandissante du public, une exposition est organisée à Hyde Park. Dès le matin, de longues files d'attente se forment. On attend des heures pour pouvoir pénétrer dans le hall d'exposition. La déception est grande. Les Anglais s'attendaient à voir une impressionnante «montagne de lumière» jetant les feux aveuglants de son authentique légende.

Ils découvrent un diamant plat pesant 186 carats, taillé à l'indienne en forme de rose, sans éclat et très mal présenté. La presse ne manque pas de le signaler et tout le monde s'accorde à penser qu'une retaille de la pierre est indispensable. La reine charge son joaillier Garrard de trouver le maître capable de faire le travail. L'affaire prend une tournure nationale. On fait venir d'Amsterdam Voorsanger, le grand tailleur de l'époque. Il débarque à Londres sous les acclamations de la foule.

Le 17 juillet 1852, le diamant passe en salle d'opération en présence du prince consort Albert et du duc de Wellington. La presse donne tous les jours le bulletin de santé du Koh-i-Noor. L'Angleterre retient son souffle. En trente-huit jours, le lifting est achevé. La pierre est devenue un brillant ovale de 106 carats agréable à regarder ; l'opération aura coûté 15000 dollars. Les puristes ne se gêneront pas pour dire que la perte de poids est trop importante et qu'une taille en goutte eût été plus judicieuse. Cette perte de 43 p. 100 déçut le prince consort qui le clama bien haut.

Une broche et un diadème furent fabriqués pour y poser le Koh-i-Noor détachable, et la reine porta souvent le diamant en broche. Après sa mort en 1901, le Koh-i-Noor devint propriété de la Couronne et Victoria précisa dans son testament qu'aucun homme ne devrait jamais le porter. Son vœu fut respecté. Il sera monté sur la couronne royale d'Alexandra en 1902, celle de la reine Mary en 1911 et de la reine Elizabeth en 1937, serti sur la croix de Malte au-dessus du bandeau frontal. Depuis cette date, il est exposé parmi les joyaux de la Couronne à la Tour de Londres.

En 1947, dès son indépendance, le gouvernement indien réclama la restitution du Koh-i-Noor comme propriété de l'État. De même en 1953, lors du couronnement de la reine Elizabeth II. En 1976, le Premier ministre du Pakistan, Ali Buttho, réclama dans une lettre à la reine le retour du diamant au Pakistan. Les Iraniens firent la même démarche. Mais les Anglais ne répondirent même pas, estimant qu'après cent quarante ans de vie en Grande-Bretagne, le diamant était depuis longtemps naturalisé.

**LE CULLINAN**

Rien ne serait arrivé sans Thomas Cullinan, descendant d'Irlandais, né en Afrique du Sud en 1862. Dès son plus jeune âge, il voulut être prospecteur de mines. Son idée était simple. Si l'on trouvait des diamants d'alluvions dans les fermes près de Pretoria, c'est qu'ils venaient de quelque part. Ce théorème lui permit de comprendre le premier que des agents atmosphériques rongeaient la roche volcanique où les diamants se formaient, libéraient certaines pierres de leur gangue et les roulaient dans les eaux pour achever leur voyage presque au pied des hommes. Cullinan engagea quelques prospecteurs et ils se mirent à chercher la mine volcanique qui pouvait cacher les dépôts de diamants. Il découvrit un terrain favorable dans une propriété privée située à 38 km de Pretoria. Mais la guerre du Transvaal arrêta la prospection. À la fin des hostilités en 1902, il négocia l'achat d'une partie de la propriété et fonda une compagnie minière qu'il appela «Premier», en l'honneur de Cecil Rhodes, Premier ministre du Cap, qui venait de mourir.

La prospection commença en 1903. Le miracle devait arriver deux ans plus tard. Le directeur de la mine, Frederic Wells, faisait sa dixième tournée d'inspection

*Le Cullinan.*

de la journée quand un ouvrier, la gorge serrée par l'émotion, vint l'avertir : il avait aperçu un éclair de lumière dans un pan de mur, qui renvoyait le soleil comme un miroir. Sans trop y croire, Wells se rendit sur les lieux et dégagea avec son canif un énorme morceau de cristal. Subjugué, il se précipita au bureau des mines pour montrer la pierre, mais les ouvriers la jetèrent d'abord par la fenêtre, persuadés que Wells leur faisait une blague. Analysée et pesée, la pierre se révéla être un vrai diamant de 3106 carats, plus gros qu'un paquet de cigarettes ! On le baptisa Cullinan en l'honneur du président de la compagnie qui avait découvert la mine.

La nouvelle se répandit dans tout le pays et même au-delà des mers. Les actions de la compagnie doublèrent en quelques jours et le diamant fut exposé à la curiosité du public, dans toutes les succursales de la Standard Bank à Johannesburg. Mais quand la pierre fut mise en vente, le prix demandé était si élevé que personne ne se manifesta.

Le général Botha, héros de la guerre du Transvaal et signataire du traité de paix en 1902, devient en 1907 Premier ministre. La fragile indépendance de l'État du Transvaal, petite puce cousue d'or dans l'ombre éléphantesque de l'Empire anglais, donne à Botha l'idée d'offrir le Cullinan au roi d'Angleterre Edouard VII pour son soixante-sixième anniversaire, en gage de fidélité, mais aussi pour garantie de son indépendance. Aussitôt, la presse d'opposition tire à boulets rouges sur le projet qui est loin de faire l'unanimité dans le pays. Le gouvernement anglais, vexé, conseille au roi de refuser le diamant. Néanmoins, le Transvaal acheta le Cullinan pour la somme de 300000 dollars et Edouard VII, magnanime, accepta le présent. Il le reçut dans son palais de Sandringham alors qu'il fêtait son anniversaire en compagnie de la reine d'Espagne, de la reine de Norvège et de sa famille.

Il fallait maintenant procéder à la taille, et le roi décida, lui-même, du nom du tailleur. Il s'adressa à la firme hollandaise Asscher d'Amsterdam qui avait taillé le diamant Excelsior de 99,20 carats quelques années auparavant. L'étude du plan de taille dura trois mois. La pierre était trop grosse pour être taillée en un seul morceau. On décida tout d'abord de la couper en deux. Le 10 février 1908 à 14 h 30 exactement, Joseph Asscher posa la lame sur le diamant et donna un coup de masse précis qui devait fendre la pierre. La lame se brisa et le diamant resta intact. Calmement, il prit une deuxième lame et recommença aussitôt l'opération. Cette fois, le diamant s'ouvrit exactement à l'endroit prévu.

Le clivage total des pierres produisit neuf grosses pierres et quatre-vingt-seize petites. Le poids total des pierres était de 1063 carats, soit une perte de 65 p. 100 du poids initial. Le 21 novembre 1908, les deux plus grosses pierres furent présentées au roi et placées ensuite parmi les joyaux de la Couronne. La plus importante, connue sous le nom de Grande Étoile d'Afrique, est aussi la plus importante du monde. C'est une poire de 530,40 carats, aux dimensions d'une boîte d'allumettes. Il orne le sceptre impérial. Le Cullinan II est un diamant coussin de 317,40 carats, gros comme un bouchon de carafe, serti sur le bandeau frontal de la couronne impériale.

Le reste des fragments du Cullinan resta la propriété des Asscher en rémunération de leur travail. Le roi Edouard leur acheta le Cullinan VI, une marquise de 11,50 carats qu'il offrit à sa femme Alexandra. Les autres pierres furent vendues au gouvernement du Transvaal, sur l'insistance de Botha, et offertes à la reine Mary qui succédait à Edouard VII sur le trône d'Angleterre. Le Cullinan III, une poire de 96,60 carats et le Cullinan IV, un coussin de 63,60 carats, sont montés sur la couronne de la reine Mary. Le numéro V, un cœur de 18,80 carats est serti sur une broche en platine, partie d'un immense collier de diamants et d'émeraudes en poires. Le VI est une marquise de 8,80 carats montée avec le VII, un coussin de 6,80 carats, sur une broche en pendant. Le Cullinan VIII, le dernier, est une poire de 4,40 carats montée en bague. Il est à noter que toutes les pierres se démontent et peuvent indifféremment se placer sur d'autres bijoux.

C'est la reine Elizabeth II qui hérita de tous les bijoux de sa grand-mère en 1953.

***

Avec le XX<sup>e</sup> siècle, les nouvelles fortunes d'Amérique venues des finances et de l'industrie se jetèrent sur les diamants historiques dans les grandes ventes de Londres, de Genève et de New York. Aujourd'hui, c'est au tour de Japonais de rafler les trésors de l'Europe dans les salles de vente du monde entier.

**LE MCLEAN**

Ce diamant d'origine indienne en forme de coussin, d'une couleur et d'une pureté exceptionnelles, pèse 31,26 carats. Il appartenait à Evalyn McLean, la milliardaire américaine déjà propriétaire du Hope de de l'Étoile de l'Est, une poire merveilleuse de 94,80 carats. En 1949, deux ans après sa mort, le joaillier Harry Winston rachète toute sa collection de bijoux et vend le diamant McLean au duc de Windsor, qui souhaite l'offrir à la duchesse.

Le diamant est enchâssé entre deux baguettes dans une monture en platine. À la mort de la duchesse et selon ses vœux, tous ses bijoux sont mis en vente au profit de l'Institut Pasteur. C'est Sotheby's qui organise la vente à Genève en avril 1987, avec un luxe de moyens inimaginable. Quinze mille catalogues sont imprimés, mais cela se révèle vite insuffisant. Il faut en imprimer d'autres. Ils se vendent au marché noir comme des pièces de collection.

Les bijoux Windsor font le tour de l'Amérique pour se faire désirer. À New York, de longues files d'attente se forment devant la galerie Sotheby's et les forces de l'ordre sont obligées de dégager l'avenue. À Los Angeles, une réception monstre est organisée, réunissant les plus grosses fortunes d'Amérique. Déjà, des ordres d'achat arrivent du monde entier. La presse internationale étale dans ses pages photos et articles sur la vie privée des Windsor et de leurs bijoux. Le monde découvre une belle histoire d'amour aux couleurs de pierres précieuses. Jamais un événement ne fut aussi bien orchestré par les médias. La légende des Winsdor s'amorçait comme celle de Roméo et Juliette, avec les bijoux en plus.

À Genève, la tension est à son comble. Il faut ajouter des chaises. La salle est trop petite. Les gens s'entassent sous une grande tente au bord du lac Léman ou bien suivent les enchères sur des écrans géants. Toutes les célébrités sont là, et une centaine de journalistes couvrent l'événement.

La vente s'achève dans le délire. Les prix ont pulvérisé les estimations les plus optimistes et les acheteurs se sont arraché les morceaux de légende pour emporter un peu du souvenir. Mais il reste le dernier lot, le plus cher, le diamant McLean. La mise à prix est à 700 000 dollars, mais les enchères montent vite à 2 millions. À cette partie de la vente, un Japonais reste seul contre un téléphone branché sur New York. À 2,5 millions de dollars, le téléphone commence à avoir des hésitations. La foule retient son souffle. À 2,6 millions, le téléphone a épuisé ses ressources. Le Japonais, M. Takagi, emporte le diamant à 2,7 millions de dollars sous les flashs des photographes et les applaudissements du public qui se défoule.

## LE CARTIER-BURTON-TAYLOR

En 1966, un diamant exceptionnel fut trouvé dans la mine Premier en Afrique du Sud. La pierre brute pesait 240,80 carats. Harry Winston, toujours à l'affût des pierres exceptionnelles, l'acheta et la fit tailler en poire de 69,42 carats, grosse comme une amande. Il la céda l'année suivante à une riche américaine, Mme Harriet Ames, qui la mit en vente deux ans plus tard chez Sotheby Parke-Bernet à New York. Un événement survint qui donna une nouvelle dimension à la pierre. Richard Burton cherchait un diamant exceptionnel pour l'offrir à sa femme Elizabeth Taylor, et il s'intéressait au diamant. Depuis quelque temps, Burton investissait beaucoup dans les pierres. Il venait d'acheter le Krupp, un brillant de 33,19 carats qui avait appartenu à la famille Krupp, les rois de l'industrie lourde en Allemagne.

Aussitôt, la presse encadra l'événement et le diamant devint la vedette de la vente. La pierre fut envoyée en Suisse où séjournait Elizabeth Taylor. Entre-temps, on apprenait que Jacqueline Onassis s'y intéressait également. La grande originalité de cette pierre était qu'elle n'avait pas de nom: son acheteur aurait le droit de lui donner le sien et d'entrer ainsi dans l'histoire des gemmes.

Le jour de la vente, l'actrice n'est pas présente, à la grande désillusion des photographes. Le diamant est adjugé à la maison Cartier de New York, qui, pour la somme fabuleuse de 1050000 dollars, lui donne son nom. On murmure que Harry Winston a fait monter les enchères par l'intermédiaire d'un courtier pour se partager les bénéfices avec Harriet Ames. Quelques jours plus tard, le Cartier est revendu à Richard Burton avec un bénéfice symbolique de 50000 dollars, à condition

*Elizabeth Taylor, portant le diamant poire, de 69,42 carats, offert par Richard Burton.* (Photo Sygma.)

que le diamant puisse être exposé dans les vitrines des magasins Cartier de New York et de Chicago. Belle opération publicitaire.

La foule, chauffée par la presse, défile devant les vitrines de Cartier pour voir le «diamant d'Elizabeth Taylor». La photo de la pierre fait le tour du monde. Ce coup de maître permet à Cartier de redorer son blason qui en a bien besoin. Pas pour longtemps. Le diamant Cartier devient le Burton-Taylor. Une petite querelle très médiatique oppose le joaillier à ses clients. Un moment, on croit trouver un arrangement possible en l'appelant le Cartier-Burton-Taylor.

En 1978, la presse annonça qu'Elizabeth Taylor mettait le diamant en vente, précisant même qu'elle consacrerait une partie de l'argent pour construire un hôpital au Botswana. C'est un joaillier de New York, Henri Lambert, qui acheta la pierre 3 millions de dollars et la revendit à un émir d'Arabie Saoudite en 1984.

***

Des cinquante-cinq diamants taillés connus dans le monde et pesant plus de 100 carats, trente-huit viennent d'Afrique du Sud, quatorze des Indes, deux du Brésil et un de Sierra Leone. Non, deux, en Sierra Leone, puisqu'un fermier vient de découvrir dans son champ de pommes de terre proche d'un secteur minier, un diamant de 158 carats. Pour célébrer son 100e anniversaire, la De Beers a annoncé la découverte près de Prétoria d'un diamant brut de 599 carats.

Le rêve continue.

*

Des [illegible] dans [illegible] [illegible] [illegible] [illegible] [illegible] de [illegible] [illegible] [illegible] [illegible] [illegible] [illegible] [illegible] [illegible] deux [illegible] de [illegible] [illegible] [illegible] de [illegible] [illegible] [illegible] [illegible] [illegible] [illegible] [illegible] [illegible] [illegible] [illegible] [illegible] [illegible] [illegible] [illegible] [illegible] [illegible]

# Les métaux précieux

*Il n'est de forteresse*
*qu'un âne chargé d'or*
*ne puisse approcher.*

Plutarque

## L'OR

C'est en remuant la terre que les premiers hommes découvrirent l'or bien avant le bronze. Il devint un symbole parce qu'il réfléchissait le soleil et ne servait à rien. Trop mou pour être outil, il fut parure. On utilisa l'or natif, facile à travailler, en martelant le métal pour l'aplatir en feuille et lui donner des formes. Trois mille ans avant Jésus-Christ, on l'exploitait déjà sur les rives du Nil. Du dieu Râ des Égyptiens au veau d'or des Hébreux, il devint l'emblème des divinités et, plus tard, l'ornement de l'empire chrétien et du clergé. Les Grecs et les Romains se couvrirent d'or. L'Orient les imita. Les Incas le sacralisèrent et habillèrent leurs temples de feuilles d'or. Le XIXe siècle écrivit son aventure épique et le XXe siècle se mit à trembler pour les cours financiers du métal jaune.

L'or est devenu le dictateur diabolique des guerres et des misères. Il est le véhicule planétaire de nos angoisses. Devenu immortel par la bêtise de l'homme, il faudrait pour bien faire le détruire pour survivre. Lénine, seul, eut la clairvoyance de percevoir le danger et préconisa d'avilir le métal en construisant des pissotières en or.

L'or des poètes est une parcelle du corps du soleil déposée en fusion sur la terre et mélangée à la lave. Lorsque les Égyptiens découvrirent les pépites brillantes sur les rives du Nil, l'or fut investi d'une valeur magique. Il apporta la richesse aux pharaons, l'ivresse mythologique aux Grecs et se mit au service de la débauche dans la Rome antique. Il donna la puissance à l'Europe du XVIe siècle, permit à l'Amérique une progression économique plus rapide et força l'Afrique du

Sud à devenir une nation. Il permit aux Soviétiques de se nourrir, et à la Chine de l'échanger contre la technique du monde occidental.

La puissance de l'Europe et de l'Espagne commença par un crime contre l'humanité. En ce début de XVI^e siècle, Francesco Pizarro quitte Séville avec cent soixante hommes pour christianiser les sauvages d'Amérique. Il sait que Christophe Colomb y a vu de l'or et son voyage se prépare dans le seul but de le posséder. Pendant que Cortés débarque au Mexique et détruit l'empire aztèque, Pizarro arrive au Pérou et devient fou à la vue de l'or. Il massacre les Indiens, pille la capitale Cuzco et s'empare de centaines de kilos d'objets en or magnifiques qu'il fait fondre pour mieux les partager. Charles Quint, puis Philippe II deviennent les plus riches des rois d'Europe. Ils peuvent lever des troupes et faire la guerre. L'or étant abondant, la mode des bijoux est aux lourdes chaînes qu'on porte sur les vêtements. L'inspiration artistique se développe après le long tunnel du Moyen Âge austère et paysan. C'est le premier rayon de soleil après un siècle d'ombre.

Il faudra attendre deux cents ans pour qu'une nouvelle fièvre embrase le monde. Dès 1838, la Russie découvre son premier filon d'or au cœur de la taïga sibérienne. Des hommes meurent de froid par milliers, cassant d'épaisses couches de glace par — 20 degrés, pour sortir le métal jaune des sables et des marécages. Aujourd'hui, l'Union soviétique est le deuxième producteur d'or du monde, mais reste très discrète sur sa production, refusant même de s'associer au cartel, comme elle le fait avec les diamants. Quand l'U.R.S.S. vend son or, cela veut dire que le plan agraire s'est une fois de plus enlisé dans les plaines de l'Ukraine.

En 1848, c'est au tour de l'Amérique de s'enflammer. La Californie, le Nevada, le Colorado découvrent de l'or qu'on ramasse par poignées. Les premiers émigrants vont s'installer dans les régions conquises sur le Mexique. C'est le miracle. Dans les eaux de la rivière Sacramento roulent des parcelles d'or, et le sol semble parsemé de grains jaunes gros comme des noix. De tous les États de l'Union, cinquante mille personnes, bravant le froid et la faim, les montagnes et le désert, déferlent sur la région. San Francisco, la ville la plus proche, est presque abandonnée par ses habitants. Les employés de bureau quittent leur travail pour devenir prospecteurs et les équipages de navires étrangers quittent le bord pour courir aux mines.

Dans le Nevada, le sol est saturé d'or. Les mineurs arrivent par milliers. Les collines boisées d'arbres centenaires sont transformées en campements. Les hommes coupent les arbres, creusent des trous et déchirent la nature. Dans les montagnes de la Sierra Nevada, les neiges éternelles cachent sous leur tapis blanc des trésors inviolés. Les mineurs travaillent en groupes et possèdent chacun les outils nécessaires: un revolver chargé, une pioche, une pelle, et la batée, ce précieux récipient cônique en fer-blanc qui sert à laver la terre aurifère. Les films ont su magnifier cette folle odyssée qui fit au début autant de morts que de riches. Un peu plus tard, la prospection anarchique rentrera dans l'ordre et les mineurs ne seront plus que des ouvriers travaillant pour les grandes compagnies industrialisées.

Dans le même temps, l'Alaska, le Canada et l'Australie connaissent la même richesse. En Australie, les zones de prospection sont gigantesques et le pays tout entier semble semé de pépites d'or. Les émigrants accourent pour saisir ce nouveau rêve. Toute la production est alluvionnaire. On campe près des rivières et on récupère les paillettes et les grains avec des techniques artisanales.

Mais une fois encore, l'Afrique du Sud fera figure de reine. L'histoire commence avec un fermier du Transvaal qui trébuche sur un caillou renfermant de l'or. Cette fois, il ne s'agit plus de zones alluvionnaires. C'est dans la roche, au pied des montagnes, que le métal se loge. Les gisements sont immenses et l'exploitation va s'organiser dans la discipline britannique et victorienne. Les émigrants anglais venus en voisins envahissent le petit État. Cecil Rhodes, déjà propriétaire des mines de diamants, veut s'emparer des mines d'or. La guerre éclate entre l'Angleterre et le Transvaal. Les Boers sont vaincus et Londres contrôlera tout l'or du monde jusqu'à l'indépendance de l'Afrique du Sud en 1961. Elle reste toutefois très présente dans les sociétés de production. Mais l'or tend à se raréfier sous la forme de gisements à l'état pur.

Aujourd'hui, des milliers de Noirs, sousmis à un régime très dur, doivent descendre à plus de 3000 mètres sous terre pour extraire un minerai noirâtre, mélangé à la boue et aux scories, dont la teneur en or ne dépasse pas 8 grammes à la tonne. Malgré cela, sa production représente les deux tiers de la production mondiale, soit plus de la moitié des 1100 tonnes extraites dans le monde. Selon le Bureau international du travail, 46000 personnes ont péri dans les mines d'or d'Afrique du Sud, et plus d'un million ont été blessées depuis l'ouverture des mines. Sur les 510000 ouvriers travaillant dans les mines, 600 d'entre eux meurent chaque année.

La découverte des mines d'Afrique du Sud effacent un peu l'or du Brésil. Pourtant, les forêts d'Amazonie cachent certainement le plus grand gisement aurifère. Mais le Brésil n'arrive pas à contrôler sa production et une grande partie des 84 tonnes d'or extraites dans l'année passe en contrebande. Les orpailleurs d'Amazonie, les fameux *garimpeiros,* sont très dangereux, et les heurts mortels avec la police sont fréquents quand celle-ci veut bien s'aventurer dans la région des mines. La plus connue reste celle de Serra Pelada, située au nord-est de l'Amazonie.

En 1980, un paysan découvre des pépites d'or dans une grotte. En quelques semaines, le lieu est envahi par des milliers de garimpeiros qui creusent avec les mains un trou béant de 100 mètres de large et 250 mètres de profondeur. Vingt mille hommes en guenilles gravissent les parois trente fois par jour, chargés de lourds sacs de terre aurifère. Ces travailleurs de force, réduits à l'esclavage, sont payés par des acheteurs, souvent des Libanais qui attendent le chargement en haut du trou pour récupérer les pépites d'or. La mine a produit plus de 40 tonnes d'or depuis son ouverture, et autant de légendes magiques qu'on se raconte le soir avant de s'endormir.

Un entrepreneur de São Paolo, marié et père de trois enfants, a quitté son travail pour devenir chercheur d'or. Le 18 septembre 1983, il trouve la plus grosse pépite découverte au Brésil, pesant 62,30 kilos. Un autre chercheur, après deux ans passés au fond de la mine, est reparti avec 300000 dollars. Mais aujourd'hui, l'or n'est plus aussi abondant et une partie du trou a dû être abandonnée parce que les parois menacent de s'écrouler. Les garimpeiros sont déjà ailleurs en train de creuser un autre trou dans la forêt amazonienne.

La Guyane trouve sa place dans l'histoire de l'or. Découvert vers 1855 dans l'Approuague, un fleuve passant au pied des montagnes, il entraîne de nombreux chercheurs d'or à jouer de la batée sur les bords du rivage. Les premiers orpailleurs de Guyane furent les bagnards libérés de Cayenne.

Dans tous les pays d'Afrique producteurs de métal précieux, l'or clandestin fait partie des habitudes. À travers des chemins centenaires, l'or voyage et s'exporte. Les gisements aurifères de Guinée et de Côte-d'Ivoire sont importants, mais une mauvaise politique d'exploitation a laissé une grande partie de la production aux mains des clandestins.

La Chine est devenue en quelques années le cinquième producteur d'or après les États-Unis, l'U.R.S.S., l'Australie, le Canada et l'Afrique du Sud. Les mines de Zhaoyuan dans la province de Shandong sont les plus importantes, mais une grande partie des cinquante tonnes d'or que le pays produit tous les ans prend le chemin de la contrebande.

L'or est partout sur la terre, et le sol renferme des millions de tonnes d'or. Il est présent dans la roche, les rivières, les fleuves, l'eau de mer, dans le sable et la terre. On évalue à 700000 tonnes la masse d'or extraite des gisements depuis cinq siècles, la plus grosse partie ayant été extraite depuis moins de cent ans dans les mines d'Afrique du Sud, d'Amérique et d'Australie. L'or natif est toujours impur, mélangé à d'autres métaux comme le pyrite, le cuivre et surtout l'argent.

L'or est inaltérable. Dans l'air et à toutes les températures, il peut séjourner des siècles dans l'eau sans perdre ses qualités. L'or pur est d'un beau jaune, rouge pourpre par réfraction et vert par transparence. Son point de fusion est à 1064 degrés. Il se transforme alors en boule de feu avec l'éclat brûlant du soleil. C'est un métal extrêmement malléable. Un simple gramme d'or peut être étiré en un fil invisible de 3200 mètres de long.

Conjoints par la similitude de leur aventure, et nés d'un même ventre, l'or est marié au diamant. Ils se retrouvent sur les bijoux, débarrassés de leur manteau, l'un serrant l'autre dans sa robe de soleil pour ne plus le quitter.

*La plus grande partie de la consommation d'or va à la fabrication de bijoux. Le premier pays du monde pour ce type de marché est l'Inde avec 150 tonnes d'or travaillé en 1986. Les États-Unis sont également grands consommateurs d'or de bijouterie et les Italiens détiennent la médaille pour la fabrication en grande série. Les Français sont champions toutes catégories pour l'épargne du métal jaune. Ils en détiennent 10000 tonnes, soit le cinquième de l'or thésaurisé dans le monde.*

L'or travaillé en bijouterie n'est jamais pur. Il serait trop mou pour la fabrication. C'est pourquoi on le mélange dans une proportion précise à un autre métal pour le rendre plus dur.

— L'or rouge est obtenu par addition de cuivre rouge.
— L'or jaune est obtenu par l'alliage de cuivre rouge et d'argent fin.
— L'or blanc s'obtient par addition de nickel.
— L'or peut également être mis en couleur en passant par des acides ou par traitement thermique. On obtient ainsi des teintes allant jusqu'au noir.

Le titre désigne la proportion d'or contenue dans un alliage. Il varie selon les pays. La plupart des pays anglo-saxons sont autorisés à fabriquer et à vendre des bijoux de 9 et 14 carats, soit un tiers ou la moitié d'or pur. En France, la législation est très stricte. Le titre ne peut tomber légalement au-dessous de 18 carats, soit un quart d'alliage mélangé à l'or pur. Un service de contrôle, désigné sous le nom de «garantie», est chargé de faire appliquer cette loi. Il appose, après analyse du bijou, un poinçon qui authentifie l'ouvrage.

La marque de garantie est obligatoire sur tous les bijoux dans l'ensemble du territoire français et des territoires d'outre-mer. L'infraction est passible d'une amende. Les bijoutiers-joailliers reçoivent régulièrement dans leur atelier ou leur magasin la visite des inspecteurs de la garantie chargés de vérifier l'ensemble des bijoux et leur poinçon.

Lorsque vous regardez avec une loupe l'anneau de votre bague en or, vous voyez deux poinçons sur un ouvrage fabriqué en France: la tête d'aigle est la marque de la Garantie, le losange est le poinçon de Maître, la griffe personnelle du fabricant qui permet de l'identifier.

Sur les bijoux d'importation, on appose un poinçon forme ovale à l'intérieur duquel est dessiné un charançon. Sur les bijoux d'occasion, c'est un hibou. Le poinçon E.T. est une tolérance appliquée aux ouvrages à bas titre dont le travail est ancien.

## QUELQUES TRUCS

Pour vieillir l'or sans attendre un siècle et lui donner une patine ancienne, trempez-le quelques secondes dans une solution préparée avec un litre d'eau et trois gouttes de teinture d'iode.

L'or noircit votre peau à cause de son acidité au contact avec un alliage trop riche en argent. Peu de moyens pour y remédier, sinon un bon lavage régulier.

Pour bien nettoyer vos bijoux d'or, frottez-les au savon avec une brosse douce, passez-les à l'eau et séchez-les dans la sciure du buis.

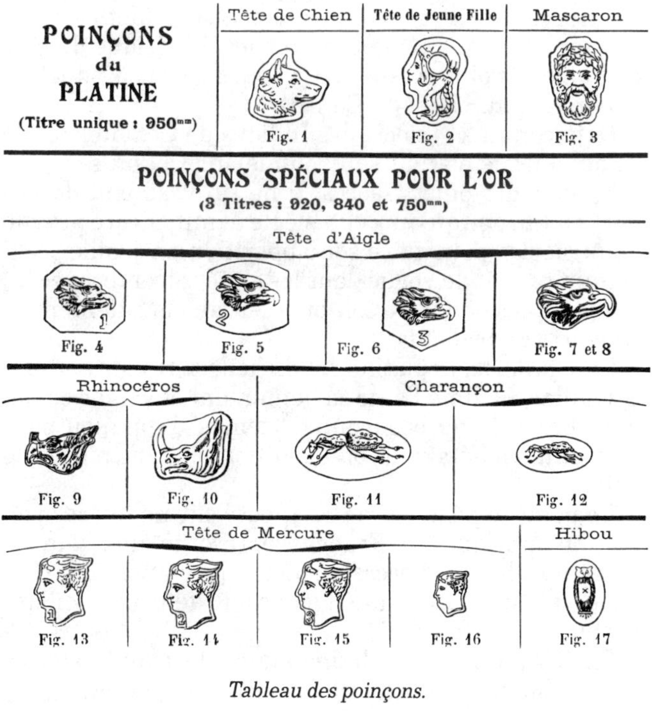


*Tableau des poinçons.*

# LE PLATINE

Platine vient du mot espagnol *plata*, argent. Les conquistadors qui jetaient au feu les plus beaux spécimens de l'art précolombien l'appelaient, intrigués, «l'argent qui ne fond pas». Il est vrai que son point de fusion est à 1 773,50 degrés. Il se transforme en boule de feu et sa lumière éclate comme un diamant.

Le platine est un métal inoxydable à toutes les températures. On le trouve sous forme de paillettes ou de pépites dans les alluvions de roches. L'Afrique du Sud en fournit la plus grosse partie, le reste de la production venant d'U.R.S.S. et du Canada.

Déjà connu XVe siècle des Indiens de Colombie et de l'Équateur, le platine, seul, ou mélangé à l'or, servait à fabriquer des objets sacrés. Il ne fut vraiment découvert en Europe qu'au XVIIIe siècle et mit encore près de deux siècles pour faire son apparition en joaillerie. Il connut sa grande vogue dans les années trente, avec les magnifiques bijoux du soir où il servait parfaitement de support aux brillants.

En joaillerie, le platine est difficile à affiner et dur à travailler. La lime l'entame lentement et la fabrication d'un bijou prend beaucoup de temps. Trop mou pour être utilisé à l'état pur, on l'additionne d'une pincée de cuivre.

Le poinçon de la Garantie apposé sur un ouvrage en platine fabriqué en France représente une tête de chien. Les bijoux d'occasion ou d'importation sont contrôlés au mascaron, une vénérable tête de vieillard barbu.

En 1985, le prix du platine était inférieur à celui de l'or. C'est aujourd'hui l'inverse. Si l'on claironne tous les jours le cours de l'or, il n'en est pas de même de celui du platine. C'est un métal de professionnels dont le prix fluctuant est fondé sur le principe de l'offre et de la demande. La production annuelle du platine est de 91 tonnes, ce qui est actuellement très suffisant pour couvrir le marché. L'automobile absorbe environ 30 p. 100 de la production, la bijouterie 25 p. 100, avec le Japon comme premier client très inattendu. Mais les Japonais portent tous des alliances en platine. Divisez 25 p. 100 de la production annuelle par le nombre de Japonais, et vous aurez le poids de leurs alliances.

Si le métal jaune est abondant, nulle ouverture de mine devrait accroître la production de platine dans les années à venir. La déstabilisation de l'Afrique du Sud n'arrange pas les choses. En Union soviétique, comme dans tous les pays de l'Est, le platine est exclusivement employé dans l'industrie et n'a aucune valeur en tant que métal précieux. Cela ne date pas d'hier. À la fin du siècle dernier, le platine coûtait moins cher que l'argent. Il abondait en Russie. Les petites familles possédaient des samovars en platine, tandis que les riches faisaient leur thé dans des samovars en argent, beaucoup plus précieux. Lorsque la Révolution obligea des milliers de Russes à fuir le pays, ils emportèrent souvent leur samovar en guise de bagage. Beaucoup furent obligés de s'en séparer. Un magasin spécialisé de New York fit sa fortune en rachetant les samovars en platine pour le prix du métal ordinaire.

Une tendance d'un retour au platine fait son chemin. Après un passage artistique influencé par le Moyen-Orient, la joaillerie a retrouvé sa sérénité et le sens aigu de la créativité. Pour se différencier du strass et de la fantaisie qui s'accroche à elle comme une deuxième peau depuis dix ans, les joailliers reviennent vers le platine et les lumières. Si l'or est un ensemble pantalon pour la journée, le bijou en platine est une robe du soir qui a le charme de la fête, de la nuit, et des lumières artificielles. Pour que la joaillerie survive, il faut à nouveau inventer les bijoux du soir. C'est le prix pour faire revenir une clientèle un peu lasse de l'or et prête à changer de peau.

Dans votre précipitation, ne confondez pas les bijoux en or gris et les fabrications en platine. L'or gris est blanc d'éclat et ternit rapidement. Rien n'est plus laid qu'un or blanc devenu gris. Le platine est blanc de couleur et le reste toujours.

Dans la famille du platine, signalons le rhodium, un métal très rare. Liquide, on s'en sert en bijouterie pour augmenter l'éclat des bijoux blancs.

## QUELQUES TRUCS

Le nettoyage à sec pour raviver le métal:

Pour redonner de la brillance à vos bijoux en platine, commandez chez un quincailler de la poudre d'alumine rose et mélangez deux gouttes de poudre à une goutte d'eau avant de déposer la pâte sur le bijou. Frottez avec une brosse douce jusqu'à ce que la poudre disparaisse en laissant un joyau éclatant.

Le nettoyage à l'eau pour raviver les pierres:

Comme pour l'or, vous pouvez faire bouillir vos bijoux en platine dans une casserole d'eau pendant dix minutes.

# La fabrication

Il y a plusieurs procédés pour la fabrication d'un bijou:

— la fonte,
— le mécanique et l'estampage,
— le travail manuel.

Pratiqué depuis l'Antiquité, le procédé de la fonte à cire perdue est très répandu aujourd'hui. Il facilite la production en grande série et abaisse le coût de la main-d'œuvre. C'est le prêt-à-porter de la joaillerie. La fonte s'effectue en général chez un fondeur dont c'est le métier. En partant de la maquette d'un bijou réalisée à la main par un ouvrier joaillier, on fabrique un moule en caoutchouc obtenu par vulcanisation sous presse. On coule dans ce moule de la cire qui va parfaitement reproduire le bijou. On peut tirer autant de cires que l'on veut. Elles sont ensuite soudées le long d'une branche jusqu'à former une grappe. Placées dans un cylindre, elles sont recouvertes de plâtre fin et mises au four pour quelques heures de cuisson.

Le plâtre brûlant se durcit, les cires fondent et s'écoulent du cylindre, libérant la place. On verse alors de l'or en fusion dans le moule de plâtre. Cette coulée s'effectue dans une centrifugeuse qui tourne à grande vitesse et permet par sa pression de faire pénétrer le métal dans les cavités les plus fines. Le plâtre est ensuite trempé dans l'eau froide où il se détache, libérant une grappe chargée de bijoux d'or. Ils sont séparés de la branche, nettoyés et livrés au fabricant. Dans l'atelier, les pièces seront «décrottées», limées et émerisées par des apprentis. On peut faire un bijou avec plusieurs pièces de fonte qui seront ensuite soudées les unes aux autres. C'est le cas des bracelets dont chaque élément est relié par un émaillement.

La bijouterie mécanique se fait à l'aide de machines bien réglées qui coupent le métal, liment, polissent et débitent des bijoux en or comme elles débiteraient des saucisses.

La pratique de l'estampage date également de l'Antiquité, mais elle fut industrialisée au XIXe siècle, permettant de rendre le bijou populaire. Elle permet de reproduire le même bijou à des milliers d'exemplaires. C'est de la petite bijouterie creuse et légère fabriquée avec des feuilles de métal repoussées sur une presse.

La fabrication manuelle est un travail de haute couture. La construction d'un bijou est une œuvre d'art, une architecture miniaturisée sur laquelle on ne s'attarde pas assez, trop envoûtée par les pierres qui la dominent. Il faut trois ans pour apprendre le métier de joaillier et autant pour se parfaire. L'apprenti travaille dans un atelier de joaillerie auprès d'un chef d'atelier qui deviendra son maître. Dans le même temps, il suit des cours techniques dans une école professionnelle et apprend le dessin, les métaux, l'art de construire un bijou. À la fin de sa dernière année, il passe un examen qui lui permet d'obtenir le diplôme de joaillier. Dégrossi, mais encore incomplet, il va poursuivre sa progression au sein de l'atelier, sous l'œil attentif de son maître.

Sans entrer dans les détails techniques sur l'art de façonner un bijou, effleurons les différentes opérations:

— Le sciage permet de donner une forme à une plaque de métal.
— Le limage consiste à corriger et à égaliser le travail de la scie.
— Le perçage est la préparation des trous pour la mise en place des pierres à l'aide d'une perceuse électrique.
— Le soudage consiste à unir au moyen d'un chalumeau deux parties du métal par un alliage plus fusible qu'on appelle soudure. La fabrication d'un bijou nécessite parfois plus de cent soudures.

Le soin donné à la finition d'un bijou est très important. Sur un pavage, les emplacements qui vont recevoir les pierres doivent être mis au jour. Cela se fait à l'aide d'une scie très fine qui dégage le métal. C'est un travail difficile qui nécessite une grande précision et beaucoup de temps. En observant un bijou par le dessous, vous voyez si l'emplacement des pierres a été percé ou bien s'il a subi l'indispensable mise au jour. Dans le premier cas, on ne voit que la pointe du brillant, la plus grande partie de la culasse étant étouffée par le métal. Le moindre encrassement se dépose entre la pierre et le métal et ternit l'éclat des brillants. Dans le second cas, le découpage à la scie dégage bien les brillants et leur permet de respirer en obtenant une meilleure luminosité.

Lorsque l'ouvrage est terminé, il est envoyé à l'état brut aux services de la Garantie qui vont l'analyser et le poinçonner, lui donnant ainsi son label.

Avant d'être sertie, la pièce passe dans les mains de la polisseuse, qui prépare toutes les parties inaccessibles après la fixation des pierres. Pour polir l'or, on utilise le tripoli et le rouge d'Angleterre en pâte provenant de la calcination du sulfure ferreux; pour le platine, le tripoli et la poudre d'alumine en pâte mélangée à l'eau. Le travail du poli, en général féminin, est important, car il permet de faire disparaître tous les sillons formés par la lime. La pièce est frottée avec une brosse enduite de ponce et polie à l'aide d'une brosse circulaire sur une machine à tour. Elle est ensuite savonnée, séchée, et remise au sertisseur.

Le travail du sertisseur consiste à fixer les pierres sur le bijou; dans les griffes (serti à griffes), dans le métal (serti à grains), dans un cercle d'or (serti clos) ou dans un rail (serti rabattu). Muni d'une poignée garnie de ciment, l'ouvrier va fixer la pièce à sertir pour qu'elle ne bouge pas. À l'aide d'échoppes de différentes tailles dont les pointes sont coupantes et d'une perceuse à fraise, il va ajuster dans les trous les pierres remises par le joaillier, en rabattant un peu de métal sur les extrémités pour les fixer solidement. Le rôle du sertisseur est très important: toute la finition dépend de son travail. C'est pourquoi le coût du serti compte beaucoup dans le prix de revient d'une pièce importante.

Le sertissage terminé, le bijou revient chez la polisseuse qui lui donne son brillant définitif. Il est ensuite bouilli dans l'eau mélangée à quelques gouttes d'ammoniaque pour éliminer le gras de la pâte à polir, puis lavé au savon et séché dans la sciure de buis tiède.

Vêtu de son habit de lumière, le morceau de métal

précieux, prisonnier de sa gloire, attendra au fond d'un coffre qu'on veuille bien l'adopter pour que ses feux s'embrasent.

# Les époques

## LES BIJOUX DU XIXe SIÈCLE

L'art s'est émancipé lorsqu'il a cessé d'être le serviteur fidèle de l'Église et de la Cour. Il faudra attendre un siècle pour connaître le premier bouleversement venu de la société industrielle. Après la période assez terne de Louis-Philippe, le second Empire, avide de luxe et de plaisirs, remet les fêtes à la mode. Les riches bourgeois veulent se donner l'illusion de la noblesse et les joailliers vont s'adapter aux besoins d'une clientèle toujours plus nombreuse. Le commerce se développe rapidement. Des boutiques s'ouvrent sur les grands boulevards. Désormais, les bijoux sont dans les vitrines et les vitrines donnent sur la rue.

Hormis quelques parures exceptionnelles, les bijoux du XIXe siècle ne sont pas très beaux. C'est un mélange éclectique de style antique, gothique, Renaissance et romantique. Chateaubriand et les conquêtes d'Afrique du Nord ne sont pas étrangers à ces inspirations. De ce fourre-tout qu'on a trop tendance à appeler Napoléon III sortira à la fin du siècle ce qui va devenir l'Art nouveau et le vrai point de départ de la création dégagée de son carcan.

Que peut-on retenir de ces bijoux du XIXe siècle? Beaucoup de camées agates merveilleusement travaillés, qu'il ne faut pas confondre avec les camées coquilles, très répandus, qui ne sont que de vulgaires coquilles de mollusque sur lesquelles on a collé un motif mal gravé. Des parures, creuses et fragiles, estampées à la feuille d'or, garnies d'émaux, de cytrines, d'onyx, de corail et de pierre de lave. Des broches en or et en argent serties de roses et de taille ancienne, en forme de croissant de lune, d'étoile, de bouquet, un peu tristes, un peu noirs. La découverte de la galvanoplastie, procédé de dorure par électrolyse, inonde les vitrines de petits bijoux populaires.

En Grande-Bretagne, la reine Victoria, qui vient de perdre le prince Albert, introduit le deuil perpétuel et le bijou s'en ressent. Tout inspire à la tristesse. Le jais et l'améthyste sont les garnitures les plus joyeuses de ces parures. Malgré cela, les bijoux anglais du XIXe siècle restent les plus beaux. À Rome, la famille Boulgaris, descendant d'une famille d'orfèvres grecs, s'implante en Italie et devient Bulgari. À Paris, après avoir été le fournisseur de l'impératrice Eugénie, Cartier s'installe rue de la Paix et devient le joaillier le plus célèbre du monde.

Après une mode passagère, le public bien éclairé boude cette période qui s'accommode mal aux tenues modernes, comme c'est le cas des tapis d'Orient dans un intérieur contemporain. Seules les pièces signées et les objets-bijoux russes de Fabergé, exceptionnels et rares, trouvent grâce aux yeux des collectionneurs qui se les arrachent à coups de millions. Pour le reste, la spéculation est difficile et hasardeuse.

## Quelques noms prestigieux

Fontenay. Bapst. Lemonier. Massin. Fouquet. Cartier. Mauboussin. Boucheron. Giuliano (Italie). Fabergé (Russie). Garrard (Angleterre). Tiffany (New York).

## Les poinçons

Tête d'aigle (or). Tête de cheval (or). Tête de chien (platine). Hibou (occasion). E.T. (bas titre). Couronne (Angleterre). 84 (Russie, 18 carats). 56 (Russie, 14 carats).

## Les pierres dominantes

Camée. Corail. Perles. Turquoises. Émeraudes. Améthystes. Cytrines. Jais. Onyx. Diamants taille rose. Brillants taille ancienne. Beaucoup d'émaux.

# LES BIJOUX ART NOUVEAU (1895-1910)

À la fin du XIXᵉ siècle, les créateurs de bijoux sont prêts pour un changement radical. Déjà en Angleterre, le mouvement Arts and Crafts exerce une influence importante qui s'étend jusqu'en Europe et en Amérique. Par réaction contre les usines, les machines et la mécanique, les artistes vont chercher leur inspiration dans la nature. Lorsque Samuel Bing décide d'ouvrir à Paris, en 1895, une galerie d'Art moderne, il l'appelle « Art nouveau ». L'expression est trouvée et va traduire une forme d'art un peu déroutante qui devra marquer cette fin de siècle comme le grand combat des artistes contre la société industrielle.

Avec l'Art nouveau, le bijou se transforme complètement. Il s'allège et s'envole. Papillon, libellule, oiseau, abeille, reptile, il est aussi iris, lys, glycine, mimosa, femme-fleur et sirène. Les bijoux sont des œuvres d'art par la beauté de leurs formes, l'originalité des motifs, la légèreté des montures et la parfaite finition du travail. On fabrique des broches et des pendentifs, moins de colliers et de bracelets, et peu de bagues. À la même époque, la silhouette de la femme se transforme et les robes se simplifient. La mode cherche ses raffinements dans les détails de sa toilette. Les bijoutiers vont lui fabriquer les premiers accessoires : peignes de chignon et boucles de ceinture artistiquement travaillées.

Les pierres utilisées en général sont semi-précieuses, avec un goût prononcé pour les opales. L'émaillage à jour, transparent comme les vitraux d'une cathédrale, filtre la lumière à travers la pâte de verre colorée. Travail éblouissant de maîtrise dont Fisher en Angleterre et Lalique en France seront les maîtres. Boucheron s'installe place Vendôme et va être l'un des principaux artisans de la joaillerie nouvelle. Fabergé se rallie au courant de l'Art nouveau et les bijoux de cette période atteignent une rare élégance.

Mais l'existence de l'Art nouveau en joaillerie sera brève. À peine compris et adopté par le public, il commence à décliner car il ne peut rester parfait. On voit affluer sur le marché des bijoux dus à de mauvais imitateurs, menant à la saturation du public. Le mouvement s'éteindra en pleine jeunesse, en même temps que les artistes qui l'avaient inventé. Il cèdera la place à l'Art décoratif.

Seuls les bijoux signés d'un nom prestigieux ont de la valeur, mais ils sont difficiles à trouver et les collectionneurs du monde entier sont à l'affût de la moindre belle pièce. Le marché est très spécialisé et fonctionne comme un club privé où tous les membres se connaissent. Les copies, mal exécutées, n'ont pas de valeur. Pour vous consoler, vous pouvez acheter à peu de frais des bijoux de l'époque en argent que les Anglais et les Américains fabriquaient en grande quantité.

## QUELQUES NOMS PRESTIGIEUX

Boucheron. Chaumet. Cartier. Lalique. Vever. Fouquet. Gaillard. Dubois. Liberty (Angleterre). Tiffany (États-Unis). Massiera (Espagne). Fabergé (Russie).

## LES PIERRES DOMINANTES

Émaux translucides. Opales. Calcédoines. Pierres de lune. Chrysoprases. Nacre. Agates. Turquoises. Perles. Corail. Pâte de verre. Brillants. Peu de pierres précieuses de couleur.

# LES BIJOUX ART DÉCO (1910-1930)

La Première Guerre mondiale va donner un coup d'arrêt à cette nouvelle inspiration née avant 1910. C'est donc dix ans plus tard que l'on voit surgir des bijoux d'une réelle originalité, deuxième génération d'artistes, qui va casser par les lignes géométriques de ses dessins les rondeurs du passé. La composition se fonde sur le jeu des formes, et les pierres servent à donner une note de couleur. C'est ainsi que sur le même bijou le corail voisine avec le diamant et l'onyx. Le but recherché est purement esthétique, en harmonie avec les autres courants non figuratifs qui éclatent dans toutes les corporations. Les joailliers abandonnent l'or pour le platine.

Avec l'invention des emmaillements invisibles, c'est la révolution dans la souplesse des bracelets, dont la qualité n'a jamais été égalée. Le mélange des brillants et des pierres de couleur en calibrées offrent des lignes pures jouant avec les contrastes. Les broches sont des compositions de couleurs parfois hardies mais toujours surprenantes de bon goût. Les pendants d'oreilles et les pendentifs sont des tableaux abstraits aux mystérieuses significations. Les bagues sont plus rares et les colliers presque inexistants, car on portait beaucoup de perles. Les accessoires, nés de l'Art nouveau, vont se multiplier et devenir indispensables. Les sacs du soir sont recouverts de laque (la noire est la moins recherchée), les boîtes à cigarettes sont taillées dans des pierres dures et garnies de brillants. Les poudriers en or sont émaillés et sertis de cabochons de couleur. Les flacons de parfum, les tubes de rouge à lèvres et les fume-cigarettes sont élevés au niveau de joyaux.

La courte période du style Art déco rend les bijoux rares. Les pièces signées et numérotées sont très recherchées par les collectionneurs chevronnés et atteignent des prix exorbitants. Depuis quelques années, ces bijoux, longtemps ignorés du grand public, ont atteint des prix vertigineux et le plafond ne semble pas encore assez haut. Avec une économie mondiale déficiente et peu sûre, les pièces de qualité sont d'excellents placements, à condition d'être bien conseillé et de ne rien acheter de médiocre.

Comme pour l'Art nouveau, les bijoux sont presque tous signés par le créateur ou le joaillier. Un bijou signé vaut beaucoup plus cher qu'un bijou anonyme. S'il possède un numéro de référence, sa valeur est encore plus assise.

La moindre détérioration sur la pièce lui retire une partie de sa valeur. Les grands collectionneurs ne les regardent même pas.

Des copies parfois bien faites commencent à fleurir dans certaines vitrines. Mais nous sommes loin encore de la perfection des originaux.

## QUELQUES NOMS PRESTIGIEUX

Fouquet. Templier. Sandoz. Chaumet. Lacloche. Robert. Mauboussin. Cartier. Boucheron. Van Cleef et Arpels. Tiffany (New York). Wolfers (Belgique). Garrard. Murphy (Angleterre). Nilsson (Suède).

## LES PIERRES DOMINANTES

Onyx. Corail. Jade de Chine. Nacre. Lapis-lazuli. Ivoire. Rubis. Émeraudes. Saphirs. Brillants. Calibrées en masse.

# LES BIJOUX EN PLATINE (1930-1940)

C'est la continuité. Les bijoux en platine sont nés pour faire la fête et le brillant est roi. Les diamants fantaisie, baguettes ou trapèzes, conviennent parfaitement à ces formes géométriques. Beaucoup de bijoux sont transformables pour devenir moins formels. Les colliers importants en «chaîne d'huissier», véritables sautoirs en anneaux brillants, se séparent en trois pièces et deviennent anneaux et broches.

Les broches «en plaque», qui rappellent les gros jetons des casinos, se divisent en deux pour se transformer en clips de revers ou souligner le drapé d'une robe. Les pendants d'oreilles tombent en pampilles souvent agrémentées de diamants baguettes. Les bracelets sont des fleuves de lumière s'enroulant avec souplesse autour du poignet. Les bagues massives, aux lignes un peu lourdes, s'habillent de brillants et de calibrées.

Les fabricants de cette époque ont beaucoup produit. Tous les joailliers, petits ou grands, ont laissé l'empreinte de leur poinçon de Maître sur les ouvrages. Mais le travail du platine exige de bons artisans et tous ne le furent pas. C'est pourquoi il faut regarder de près la qualité du travail.

La *monture des broches* en «plaque» doit être légère, en métal, et comporter des ouvertures en dentelles à l'envers du bijou. Les petits trous à la perceuse sont le signe d'une fabrication très ordinaire. Les broches rondes sont rares. Les plus courantes sont rectangulaires, à pans coupés. Les broches en clip, qui se pincent à un revers ou sur un décolleté, sont sobres et élégantes. Elles sont plus difficiles à trouver par paire. Lors de votre sélection, donnez toujours la préférence aux pièces comportant des diamants baguettes.

Les *bracelets en platine* doivent être très souples et se rouler comme un tapis de soie. Pas d'éléments rigides qui se «cassent» sur le poignet. Tous les motifs doivent être articulés à l'aide de goupilles ou d'emmaillements invisibles. Pas de modèles trop compliqués. La ligne doit rester pure et sobre. Les bracelets droits ont moins de fantaisie mais sont plus élégants. Une fois encore, refusez les trous à la perceuse. Préférez les pierres serties de quelques diamants baguettes ou de calibrées de couleur en ligne qui en augmentent la valeur.

Les *bagues en platine* sont recherchées pour leur forme géométrique et leurs motifs en calibrées. Plus c'est gros, plus c'est beau. L'ouvrage est en général allégé par des ajours stylisés sur les contours à la mode des bas reliefs gréco-romains. Les bordures en volutes ou «col de cygne» adoucissent les formes et dégagent un charme indéniable. Les pierres de couleur sont encore belles et n'ont pas connu le four thermique. Toutefois, on trouve déjà des pierres synthétiques parfaitement imitées.

Beaucoup de bijoux ordinaires sont ornés de pierres très piquées ou mal taillées, sorties tout droit des rebuts de diamantaires. Le bijou en platine est loin d'être de qualité certaine. C'est pourquoi il faut être prudent et bien savoir faire la distinction. Entre 1940 et 1945, la guerre a fait dérailler la merveilleuse machine et beaucoup de bons artisans ont disparu. Les pierres et les matières premières manquaient et il fallut se débrouiller avec le stock existant.

On cassa l'invendable Second Empire pour fabriquer des monstres. Le platine n'étant plus affiné, le mauvais mélange le rendait gris, cassant et difficile à travailler. Sans le moindre relief, les bijoux blancs de cette période n'ont aucun intérêt. Beaucoup d'ouvrages furent fabriqués avec du palladium, un métal blanc que la garantie ne reconnaît pas comme métal précieux.

Cet enthousiasme pour les bijoux anciens en platine engendre forcément des copies. Loin de les négliger, vous pouvez les acheter à condition qu'ils ne soient pas en or blanc, que le travail soit irréprochable, et qu'ils soient moins chers que les originaux. Seules les pièces exceptionnelles et les bijoux signés de grands joailliers sont irremplaçables et s'installent au musée des merveilles.

## QUELQUES NOMS PRESTIGIEUX

Chaumet. Cartier. Boucheron. Lacloche. Templier. Van Cleef et Arpels. Mauboussin. Melerio. Boivin.

## LES PIERRES DOMINANTES

Brillants ronds et pierres fantaisie. Rubis. Saphirs. Émeraudes. Aigues-marines. Toujours des calibrées et des cabochons.

# LES BIJOUX DES ANNÉES QUARANTE (1940-1950)

Il faut bien en parler puisqu'un cataclysme a secoué le marché. Endormi depuis trois décennies au musée des horreurs, le bijou 1940 est ressorti du fond des tiroirs où on l'avait honteusement enfoui. On dit fièrement chez les brocanteurs que le prix d'un objet vaut par celui qui le vend. Quelle démonstration ! Qui aurait pu prévoir qu'on s'arracherait les bijoux 1940, alors que dix ans plus tôt on les fondait pour récupérer le métal. Aujourd'hui, des collections se montent et les investissements se calculent.

Le bijou 1940 n'a rien d'exceptionnel sinon la particularité d'en jeter plein la vue. C'est la semelle compensée de la joaillerie. Pendant la guerre, il fallait fabriquer des bijoux pour une nouvelle clientèle d'amateurs d'or. Les brillants étaient rares et les pierres de couleur inexistantes car l'importation était partiellement interdite. Les brillants provenaient de bijoux en platine qu'on démontait et les pierres de couleur étaient en grande partie synthétiques. L'or n'était pas cher. Les « bijoux BOF » (Beurre-Œufs-Fromage, pour désigner les parvenus d'après-guerre) était le terme méprisant pour désigner les bijoux en or rouge, très répandus.

Choisissez les broches en or plein plutôt que celles qui sont ajourées. Préférez les drapés aux nœuds, plus communs. Pas de petits bijoux. Les broches sont importantes et bien en relief. On doit avoir envie de friper le drapé ou de défaire le nœud pour voir s'il ne cache pas une surprise. Ne soyez pas exigeants sur la qualité des pierres (on peut toujours les changer), mais sur l'originalité du modèle.

Les bracelets « tanks » sont lourds et ressemblent à

des colliers de bouledogues. Leurs gros éléments à angles droits ne sont pas très esthétiques, mais la mode entraîne à des excès où le bon goût devient aveugle. Attention aux bracelets «fourrés» remplis de plomb. Les motifs à deux tons, or jaune-or rouge, sont plus gracieux. Lorsqu'ils sont garnis de pierres calibrées, les prix s'envolent.

Les bagues sont belles quand elles sont grosses. Pas de demi-mesure. En boules ou en chevalières, elles ont des formes amusantes et sont les bijoux les plus réussis des années quarante. C'est l'originalité de la forme et la qualité du travail qui en feront la valeur. Donnez la préférence aux calibrés saphirs, plus rares que les rubis et plus discrètes. Les calibrées émeraudes sont presque absentes. Toutes les sertissures des brillants doivent être en platine. Ne refusez pas une bague sous prétexte que les pierres de couleur sont synthétiques. Ne méprisez pas les copies, certaines sont infiniment plus belles que leurs grand-mères.

Les colliers sont en général des «tuyaux à gaz», ressorts à spirale creux en or, et assez fragiles. La moindre réparation visible fait chuter le prix de la moitié.

Les boucles d'oreilles sont plus rares. Cordelettes d'or en pampilles. Clips en nœud de ruban. Demi-boules garnies de petits brillants sertis en étoile qu'on appelle poétiquement «voies lactées».

Doit-on considérer maintenant que le bijou 1940 fait partie du patrimoine artistique? Le prix des beaux bijoux ne cesse d'augmenter et la demande est grande. Les bijoux signés sont irréprochables et souvent d'une conception très originale pour lutter contre la vague du mauvais goût. Peu de chances de voir les prix se stabiliser car les collectionneurs font de la surenchère. Mais attention: des rééditions commencent à sortir des ateliers des grands joailliers.

## QUELQUES NOMS PRESTIGIEUX

Boucheron. Chaumet. Cartier. Mauboussin. Lacloche. Boivin. Van Cleef et Arpels. Harry Winston (États-Unis). Gubelin (Suisse).

## LES POINÇONS

Tête d'aigle et tête de chien réunies. Ouvrage en or avec des sertissures en platine.

Les pierres dominantes

Brillants. Rubis. Saphirs. Émeraudes. Aigues-marines. Topazes. Citrines. Beaucoup de pierres synthétiques parfaitement imitées.

# LES BIJOUX DES ANNÉES SOIXANTE

C'est un renversement des couleurs. L'or rouge a provoqué une indigestion qu'il faut guérir. L'or blanc va servir de potion magique. Les montages sont aérés et le métal se fait discret. Les brillants sont montés sur des chatons à griffes légers et peu apparents. Les pierres respirent et les bijoux gagnent en éclat. On utilise beaucoup de navettes et de baguettes, et les pièces sont généreuses en pierres. C'est aussi la grande période des fontes et des grandes séries. Toutes les broches sont des plumes, des gerbes ou des bouquets. Toutes les bagues montées en étage ressemblent à des sapins de Noël. La démocratisation est en marche. Mais l'or blanc n'arrive pas à s'imposer.

On accroche des breloques et des pierres à son bracelet en or rouge. On porte au doigt une grosse citrine. On épingle une gerbe en or gris sur son tailleur. On porte au cou une grosse pièce d'or cerclée dans un entourage. L'or gris et l'or jaune se mélangent. La bijouterie se cherche. Sentant si peu d'inspiration, les créateurs italiens pointent leur nez et installent une tête de pont en vue de la future invasion.

La tendance de l'or jaune triomphe. On assiste à tout un mélange d'inspirations souvent très artistiques, d'où se dégage la mode des pierres dures. Le corail rose, la chrysoprase vert pomme et le lapis-lazuli bleu garnissent les vitrines des grands joailliers, montés sur des parures résolument modernes. Les artistes se lancent dans la création de bijoux. Suivant la voie lancée dès 1940 par Alexandre Calder, il faut citer Braque, dont les bijoux sont remarquablement exécutés par Heger de Lowenfeld qui expose et vend sa collection dans le monde entier. Dali fait du Dali et crée des bijoux dignes de sa démesure. Ils sont visibles dans la collection du Owen Cheatham Foundation à New York. Les bijoux de Gio Pomodoro, un artiste italien, sont merveilleux d'esthétisme et méritent qu'on s'y attache.

Tout à coup, en quelques mois, le public s'entiche d'un joaillier grec, Zolotas, qui a obtenu des musées d'Athènes l'autorisation de prendre le moule des bijoux antiques. L'art grec s'implante à Paris et les têtes de lions, de boucs, de béliers et de serpents montés sur des parures d'or envahissent la rue. Le choc psychologique que crée la percée de Zolotas pousse d'autres joailliers à sortir de leur torpeur. Vendome et Sterlé tenteront de créer des bijoux audacieux et très modernes, mais personne ne suivra vraiment.

Que devons-nous retenir de cette décennie très imprégnée d'art contemporain ? Recherchez les bijoux d'artistes qui feront date. Trouvez un vieux bijou de Zolotas à ses débuts en 1965. Dénichez un pendentif en or sablé mat, garni d'une grosse plaque de quartz et monté sur une chaîne d'huissier. Ayez le coup de foudre pour ces folles bagues d'esclaves reliées au bracelet par des chaînes d'or qui couvrent le dos de la main. Collectionnez vite, avant qu'il soit trop tard, les petites breloques en platine, en or ou en émail qu'on portait comme souvenir sur des bracelets. Cherchez un vieux bijou de Vendôme parce que c'est un grand artiste. Rêvez sur un joyau de Mauboussin pour ses mélanges incomparables de pierres de couleur. Trouvez le petit lion moustachu de Van Cleef et Arpels, qu'on dirait sorti d'une chambre d'enfant. Si votre budget est modeste, commencez par acheter une bague en or torsadé surmontée d'une grosse citrine rectangulaire comme on aimait les porter il y a plus de vingt ans. Les bijoux signés prennent déjà le chemin de l'étranger et les prix montent vite pour les belles pièces.

## QUELQUES NOMS PRESTIGIEUX

Boucheron. Cartier. Mauboussin. Van Cleef et Arpels. Chaumet. Sterlé. Lowenfeld (bijoux Braque). Gubelin (Suisse). Bulgari (Italie). David Weeb (États-Unis). Tiffany. Zolotas (art grec).

## LES PIERRES DOMINANTES

Brillants. Diamants baguettes et navettes. Rubis. Saphirs. Émeraudes. Beaucoup de petites pierres de couleur. Citrines. Agates. Nacre. Quartz. Lapis-lazuli. Améthystes. Aigues-marines. Corail. Chrysoprases.

# LES BIJOUX DES ANNÉES SOIXANTE-DIX

C'est le triomphe de l'or jaune et l'expulsion définitive de l'or blanc. Les Romains vont s'engouffrer dans la brèche ouverte par les Athéniens. C'est incontestablement une modification des formes et des volumes avec la volonté de plaire à une clientèle jeune. Au diable les solitaires-compte en banque et les bagues-coutumes, le bijou se veut un accessoire prestigieux, quotidien et indispensable.

L'or ne va pas tarder à grimper au baromètre de la Bourse, en même temps que le pétrole qui fait déferler sur la joaillerie une nouvelle clientèle venue des émirats, gourmande comme un enfant devant la vitrine d'un confiseur. C'est la grande rupture entre la bijouterie de l'or et la joaillerie du diamant. Tandis que la première fait un bijou de plus en plus léger, la seconde fabrique des parures princières.

Une place est à prendre. En fait, c'est un trône. Les joailliers italiens vont l'occuper parce qu'ils seront les premiers à deviner le goût d'une clientèle frustrée de sa mode. Les créateurs italiens dessinent des bijoux avec l'amour des femmes, et les femmes se laissent séduire par les cabochons et les sertis clos, par les bagues moins fragiles, jonc viril, qu'on passe à son doigt comme on s'armerait pour la journée. Les ors se mélangent et les bijoux ont des lignes pures sans excès de pierres.

Profitant d'une petite place, Poiray se crée une griffe et s'installe rue de la Paix, apportant une grande fraîcheur dans sa fabrication. Fred s'amuse à faire des bijoux avec les câbles en acier des bateaux. Mais c'est Bulgari qui mérite une mention spéciale pour la jeunesse de ses créations, et le public ne s'est pas trompé en lui faisant un triomphe. Quelques-uns de ses modèles resteront dans les annales de la joaillerie, débarrassant d'un coup la profession de trente ans de poussière.

Que faut-il retenir? Avant tout, le collier d'or serti d'une pièce romaine, signé Bulgari, qui restera le bijou classique ayant marqué son premier succès. Malgré l'invasion des copies, il reste toujours à la mode. Dépêchez-vous de le trouver avant qu'il n'entre au musée. Laissez-vous tenter par un bijou garni d'un cristal de roche dépoli serti de pierres. Continuez à chercher les petites broches animalières des grands joailliers, surtout le petit lion moustachu de Van Cleefs et Arpels, qu'on dirait sorti d'une chambre d'enfant. Ne ratez pas un collier à grains d'or martelé de Lalaounis, l'un des précurseurs de la joaillerie grecque et merveilleux esthète de la matière. Dénichez les bijoux anonymes mais élégants, garnis de pierres dures démodées et peu chères, qui marquèrent les dernières années de la décennie.

## QUELQUES NOMS PRESTIGIEUX

Bulgari. Van Cleef et Arpels. Mauboussin. Chaumet. Fred. Boucheron. Cartier. Poiray. Buccelatti (Italie). Lalaounis (art grec).

## LES PIERRES DOMINANTES

Diamants tailles fantaisie. Pierres de couleur en cabochon. Saphirs jaunes. Corail. Chrysoprases. Lapis-lazuli. Ivoire. Nacre. Œil de tigre. Cristal de roche.

# LES BIJOUX DES ANNÉES QUATRE-VINGT

La crise mondiale oblige la place Vendôme à faire un virage à 90 degrés pour ne pas s'isoler. Tout en conservant un département de haute joaillerie de prestige, elle crée des bijoux plus modestes destinés à une plus vaste clientèle flattée par l'écrin. Malgré cela, les grands joailliers intimident les Français. Leur histoire, écrite avec le stylo d'or des milliardaires de ce monde, donne des complexes et n'incite pas le public à franchir la porte divine. C'est certainement ce qui a fait le succès des nouveaux venus sans légende. Il est d'ailleurs curieux de constater que les grands noms, endormis dans leur tour d'ivoire, n'ont pas pressenti plus tôt le brutal tournant social de ces dernières années.

Il en est un pourtant qui n'hésita pas à démocratiser une griffe légendaire. Il s'agit de Robert Hocq, producteur mondial de briquets à gaz et fabricant du briquet Cartier. En 1972, il devient le président de Cartier-Paris. Flairant le changement, il entreprend un formidable marketing sur le nom prestigieux et international. Ce fut un triomphe parce qu'il avait senti qu'en faisant descendre la grande griffe dans la rue, tout en lui conservant son col amidonné, il allait flatter et séduire le snobisme populaire.

L'aventure commença avec le briquet. Le coup de flamme fut un coup de foudre, un coup de pub et un fantastique succès. Avec la création des «Must», la signature de Cartier entrait dans les chaumières en déroulant son tapis rouge. Les accessoires suivirent et connurent le même succès. «La griffe Cartier sera usée dans dix ans», prédisait Robert Hocq. Il avait tort. Les légendes sont tenaces. La firme, dirigée aujourd'hui par Alain Dominique Perrin, est la plus puissante multinationale du monde du bijou avec cent vingt-quatre boutiques dans le monde, plus de sept mille concessionnaires et un chiffre d'affaires de 4,1 milliards de francs. Particularité importante, la vente de la haute joaillerie ne dépasse pas 18 p. 100 de ce chiffre.

Que pourra-t-on retenir de cette décennie? L'engouement du public pour les bijoux anciens est-il un phénomène tardif de réhabilitation ou le placement le plus sûr? En cinq ans, le prix a doublé. Mais amateurs, collectionneurs et spéculateurs dénaturent le marché du bijou, et les boutiques spécialisées se sont multipliées, terrassant la bijouterie traditionnelle de quartier, réduite à vendre des montres.

Profitant de leur image associée au luxe, les grands joailliers sont devenus des parfumeurs, empruntant à leur tour la voie tracée par Cartier. Est-ce le début du changement qui va transformer les griffes prestigieuses en véhicules commerciaux? L'expérience est bien tentante, et malgré le refus des grands d'y associer leur nom, le prix d'une griffe est assez élevé pour les faire changer d'avis.

## QUELQUES NOMS PRESTIGIEUX

Boucheron. Chaumet. Cartier. Van Cleef et Arpels. Alexandre Reza. Mellerio. Harry Winston. Fred. Poiray. Lalaounis. Bulgari.

## LES PIERRES DOMINANTES

Perles. Émail. Pierres fines. Brillants. Diamants fantaisie. Baguettes. Triangles. Rubis. Saphirs. Émeraudes. Et toujours de nombreux cabochons et calibrées.

# Les achats et les ventes

## LES ACHATS

La taxe sur les bijoux, les pierres précieuses et les perles est de 33,33 p. 100, soit un tiers du prix de la vente. C'est la taxe la plus élevée du monde. Hypocritement appelée taxe de luxe, elle s'applique à un accessoire devenu indispensable à l'élégance de toutes les femmes.

Le simple bijou d'or travaillé, sans pierres, se vend au gramme, soit environ quatre fois le cours de l'or fin. Seul, un modèle original et fabriqué en partie à la main peut se prévaloir d'un prix plus élevé. Tous ces articles sont devenus des objets de consommation courante qu'on achète pour son plaisir sans se soucier du placement.

L'achat d'un bijou orné de pierres précieuses nécessite plus de discernement. Raccordons-nous à une situation comme il en existe des milliers:

— «Mon amour, dit-il, nous fêtons le mois prochain le dixième anniversaire de notre mariage.
— Je pensais que tu avais oublié, mentit-elle.
— Chérie! Dix ans de bonheur, ça ne s'oublie pas tout de suite. À cette occasion, je voudrais t'offrir un cadeau. Qu'est-ce qui te ferait plaisir?
— Un bijou éternel, murmura-t-elle en tripotant sa bague de zirconium.
— Si tu vois quelque chose qui te plaît, nous irons l'acheter ensemble. Je t'aime encore, tu sais.
— Je t'aime encore aussi, dit-elle sans rougir.»

Commence alors le cauchemar du plaisir mêlé aux craintes et aux indécisions. Le sac se remplit de notes, de prix et de cartes professionnelles. Trop de choses expliquées en si peu de temps. Trop d'arguments techniques pour justifier les différences de prix. Trop d'amies pour vous conseiller une adresse miraculeuse : l'artisan en étage qui travaille pour la place Vendôme et fera des prix spéciaux. Le bijoutier en gros qui accordera peut-être un passe-droit parce que Claude est l'ami du cousin de Maurice. Le diamantaire rencontré dans un dîner ou sur un terrain de golf qui a un bureau à Anvers et vend tout à moitié prix. Sans parler des affaires mirobolantes qu'on fait à l'étranger. Alors, comment peut-on se retrouver dans tout cela ?

Les magasins spécialisés dans les achats de débris d'or restent un peu marginaux. C'est un métier récent plus proche des comptoirs d'achat que des bijoutiers traditionnels.

Les magasins de dépôt-vente sont entrés dans nos mœurs, mais c'est une autre vision de la profession. Ils travaillent à la commission sur des bijoux confiés par des particuliers. Les prix demandés par les vendeurs sont souvent élevés et il faut ajouter la commission du dépôt-vente.

Les bureaux de placements-diamants sont heureusement en voie de disparition. Mais aucune loi n'interdit à quiconque de vendre des pierres. Certains ont profité de la bonne réputation de la profession pour abuser une clientèle aussi réceptive que confiante.

Les achats par correspondance défient la logique. Comment peut-on acheter un bijou sur un catalogue comme une serviette de bain, sans le toucher, sans l'essayer, l'apprécier et découvrir ses reliefs et couleurs ? Réseau de clientèle spéciale habituée des ventes par correspondance et peu regardante sur l'objet. Fabrication en grande série et grosses facilités de paiement. Il faut citer également les publicités de bijoux par mailing, que certaines cartes de crédit envoient à leurs affiliés. Prix grossis à la loupe trois fois, mais crédit à long terme.

Les achats par petites annonces ont laissé d'amers

*Publicité dans l'*Illustration, *Noël 1916, la guerre et son influence sur les bijoux.*

souvenirs. Surtout des montres, et des prix d'expertise trop élevés pour faire une bonne affaire.

Les salles de vente: le jeu même des enchères et la compétition des acheteurs font monter les prix. Quand un bijou est intéressant, vous vous heurtez à une coalition de marchands qui «révisent» ensuite entre eux. La révision est un accord qui consiste à éviter de se faire de la concurrence aux enchères et à présenter un front commun face aux particuliers avec, en contrepartie, le partage des bénéfices ou des pertes après l'achat. Cette entente, tout à fait illégale, est toutefois tolérée, car c'est une nécessité de fonctionnement pour la plupart des salles de vente.

Si vous tenez à acheter un bijou, il faut vous rendre la veille à l'exposition et découvrir la marchandise en toute tranquillité. N'hésitez pas à demander aux commissaires priseurs jusqu'à quel prix vous pouvez aller sans faire une bêtise. Les ventes se font au comptant. N'oubliez pas que vous aurez des taxes en sus, 17,67 p. 100 jusqu'à 15000 francs, et moins ensuite. Vous pouvez trouver le résultat des ventes chaque vendredi dans la gazette de l'hôtel Drouot.

Le Crédit municipal met aux enchères trois fois par semaine, de septembre à juin, tous les objets mis en gage et non repris. On trouve rarement des bijoux de qualité et les professionnels sont encore à l'affût.

Le marché aux puces. De plus en plus de bijoux, moins encombrants que les meubles. Dans les petites vitrines, presque rien. Il y a pourtant quelques vrais marchands de bijoux anciens avec un choix de qualité et des prix abordables.

Les salons de brocante s'implantent de plus en plus dans nos villes et exposent parfois dans leurs vitrines des colifichets vieillots et sans intérêt à des prix Windsor. Mais que faire de nos week-ends pluvieux ou ensoleillés ? Les salons de brocante sont des lieux de promenade amusants. Un mari bien disposé, une vendeuse adroite et la mouche est avalée.

Les achats à l'étranger méritent une place à part et quelques explications. Le Français a la particularité d'être plus généreux dès qu'il se trouve dans la peau d'un touriste. Plus le voyage est lointain, plus l'impression d'y faire une bonne affaire lui paraît évidente. Le long marchandage qui précède l'achat le renforce dans cette conviction.

*Sachez que partout où vous allez, même au sein d'une tribu d'anthropophages, les touristes achètent ce que les professionnels refusent.*

**Grande-Bretagne**: c'est à Londres que se trouve le plus grand marché de bijoux anciens. New Bond Street est l'artère chic où sont placés les plus beaux magasins. Si la mode est restée très victorienne, les prix se sont modernisés mais restent encore attrayants. Qualité irréprochable.

**Italie**: vous ne vous lasserez pas d'admirer les vitrines des bijoutiers. Vous pouvez, sans crainte, acheter un bijou en or. Le titre est le même et les prix sont abordables. Seul inconvénient, votre bijou n'a pas le poinçon légal obligatoire en France et vous risquez de payer une forte amende lors d'un passage en douane.

**Belgique**: visitez le zoo d'Anvers. Le monde des affaires est très fermé et strictement professionnel.
**Suisse**: regardez les vitrines en mangeant du chocolat. Les prix sont libellés en francs arabes.

**Espagne**: beaucoup de créateurs très inspirés, surtout à Barcelone où les vitrines sont séduisantes. Prix mobiles.

**Portugal**: fouillez les antiquaires. Vous trouverez peut-être quelques beaux bijoux du XIXe siècle vendus par des familles riches qui fuyaient après la mort de Salazar. Mais les prix sont élevés et les copies envahissent les vitrines.

**Turquie**: le grand bazar d'Istanbul ressemble à une caverne d'Ali Baba. Tous les bijoux sont des copies d'ancien de mauvaise qualité et sertis de diamants en roses plates sans valeur. Mais cela fait de l'effet et ne coûte pas cher. Un bon marchandage peut encore faire baisser le prix de moitié.

**Grèce**: les bijoux grecs sont séduisants, bien qu'ils soient tous coulés dans le même moule. Prix défiant toute concurrence, surtout les chaînes en or vendues au poids. Le prix annoncé inclut le marchandage. Vous pourrez encore faire baisser de 30 p. 100 si vous n'êtes pas trop pressé.

**Brésil**: les touristes qui se sont rendus à Rio ont pu trouver dans leur chambre d'hôtel des dépliants attractifs proposant une visite chez le bijoutier Stern. Malgré la présence du Christ au sommet de Corcovado, il n'y a pas de miracles. Les émeraudes sont chères et les pierres dures sans intérêt. Attention aux petits vendeurs sympathiques qui vous suivent en proposant des pierres de couleur enveloppées dans du coton. Elles sont toujours fausses. Achetez plutôt une bouteille de cachaça. On n'en trouve pas en France et ça rend follement gai.

**Thaïlande**: qui n'a pas ramené une pierre de couleur ou un bijou de son voyage à Bangkok? Tout est organisé pour vous faire craquer. Mais la fabrication locale n'est pas de bonne qualité. Les pierres sont médiocres, les montures fragiles et l'or souvent douteux. Dans les magasins d'État, les saphirs et les rubis sont plus chers qu'à Paris et rarement de bonne qualité. Comme au Brésil, de petits vendeurs vous proposent des fausses pierres en souriant. Conservez vos devises pour acheter une imitation de toutes les griffes célèbres de la place Vendôme, cela fera grosse impression sur vos amis.

**Inde**: osez vous prendre pour un petit maharadja. Dans toutes les villes de l'Inde, il ne faut pas avoir peur d'entrer dans les vieux quartiers, vous y trouverez les échoppes d'artisans qui fabriquent de merveilleux bijoux au goût oriental sertis de cabochons de couleur et de brillants. Les émeraudes peuvent également être intéressantes, à condition d'avoir une petite connaissance des gemmes (vous l'avez maintenant). Un bon marchandage et la vue des dollars fait beaucoup baisser les prix. Évitez les grands centres de concentration touristique.

**Sri Lanka**: les touristes de passage à Colombo ne résistent pas à l'achat d'un saphir dans un magasin d'État qui garantit la pierre, mais pas la qualité. Les Ceylan que vous achetez sont en général des Siam qui ont perdu leur passeport pendant le voyage.

**Hong Kong**: difficile de traiter avec les Chinois, dont

le sourire peut se figer des heures sans qu'un muscle du visage ne bouge. Si vous aimez marchander, cela peut durer toute la journée, comme un jeu. On vous offrira en prime un thé ou un rafraîchissement. En quelques années, les bijoutiers de Hong Kong ont su comprendre les tendances de la mode occidentale. Tout est fait en série, même le serti des pierres. C'est pourtant joli et accessible.

**Japon** : des perles, rien que des perles. Mais le change n'est pas avantageux. Choisissez de grosses perles en choker. Le marchandage est une subtilité très mal vue au Japon. Des ateliers de création se sont ouverts à Tōkyō. Un peu zen.

**New York**: une visite dans la 47e Rue vaut absolument le détour, même si vous n'aimez pas les bijoux. Sur 200 mètres, de la 6e Avenue à l'avenue of America, c'est la plus grande concentration de joailliers, bijoutiers, marchands d'occasions, diamantaires, sertisseurs, coude à coude, se faisant une concurrence terrible et brassant chaque jour des millions de dollars. Il faut observer les hassidim, ces juifs religieux sortis du ghetto, vêtus de leur manteau noir élimé, chapeau noir sur la tête, barbe et cheveux en papillotes, qui régen-

*La 47e Rue à New York.*

tent cette cour des miracles. Les boutiques proposent tous les bijoux de la planète et exposent dans leurs vitrines des pièces anciennes souvent jolies. Avec un dollar bas et beaucoup de flair, vous pouvez réaliser une bonne affaire.

**Israël**: vous viendrait-il à l'idée de rapporter des oranges de Jaffa?

**Colombie**: dans les bars de la 3e Avenue, les chercheurs d'émeraudes descendent des mines une fois par semaine pour aller voir les filles. Ils n'ont pas d'argent, mais beaucoup de pierres. Stop. Cela n'est pas pour vous. Dans les coupe-gorge de Bogotá aucun touriste ne s'aventure. Ne comptez pas trop découvrir l'émeraude de vos rêves au prix d'un ticket de métro, même sur l'avenida Gimenez, où l'on ouvre les sachets d'émeraudes comme des paquets de bonbons. Vous payerez un prix très moyen pour une émeraude très moyenne. Sans intérêt.

Mais alors, où acheter un bijou?

Un achat doit se faire dans le circuit traditionnel des bijoutiers-joailliers qui engagent leur responsabilité et leur réputation chaque fois qu'ils vendent un bijou. Ce sont eux qui assureront un service de garantie et d'entretien si un brillant se dessertit ou si la bague est trop petite.

Entrez dans les magasins et posez les questions qui vous semblent importantes. Un bon professionnel se doit de vous donner les réponses. En comparant les pierres, vous habituez votre œil à faire la différence. Éloignez-vous des spots un peu trompeurs et regardez toujours un bijou à la lumière naturelle. Attardez-vous sur la qualité des montures et le travail du sertissage. Repoussez la copie des modèles des grands joailliers aussitôt reproduits par des fabricants à court d'inspiration. L'achat d'un bijou est un acte charnel qui reflète parfaitement la personnalité d'une femme. Munie de son sixième sens, elle trouvera dans certaines boutiques les vibrations qui vont la mettre en confiance.

Ne croyez pas que le quartier change beaucoup de choses. Il y a place Vendôme et rue de la Paix des boutiques de bijoux à des prix raisonnables qui font de jolis cadeaux.

# LES VENTES

Lorsqu'un particulier possède des débris d'or ou des bijoux dont il veut se séparer, il n'en connaît pas la valeur et ne sait pas où s'adresser.

## La valeur

Les débris d'or se vendent « à la casse », c'est-à-dire au poids, entre 60 et 65 p. 100 du prix de l'or fin au cours du jour. Les boîtiers de montres, étuis à cigarettes, poudriers ou chevalières hors d'usage valent un peu plus cher parce que l'or en plaque ne comporte pas de soudure et n'a pas besoin d'être affiné. Les débris dentaires sont également plus chers, la teneur en or étant plus élevée. Les bijoux sans pierres, colliers, sautoirs, broches, bracelets en bon état se vendent jusqu'à deux ou trois fois le prix de l'or en débris selon le travail, l'originalité et surtout la mode du moment. Si vous souhaitez connaître le cours de l'or « à la casse », qu'on ne vous donne pas encore à la télévision, il vous suffit d'appeler le C.L.A.L. au 42 74 25 50. Un enregistrement vous donnera les cours du jour après 15 h.

La vente d'un bijou serti de pierres est différente. Il n'est plus question de peser l'or sur la balance, mais de regarder les brillants à la loupe. En dehors de la valeur marchande, le prix est bien souvent fonction des modes. Cela voudrait dire que l'esthétisme du moment passe avant la qualité. Pour bien vendre votre bijou, il faut bien le présenter. Un vieil écrin fait meilleure impression qu'un mouchoir en papier.

L'écrin d'origine d'un bijou ancien peut même faire

*Publicité parue dans* Le Rire, *26 novembre 1910. (T.P.R.)*

augmenter l'offre. Ne dites jamais: «Je voudrais me débarrasser de ce bijou», mais «J'envisage de vendre ce bijou». La nuance peut encore faire monter le prix. Sachez que la valeur d'expertise ou d'estimation n'est pas un prix d'achat mais une valeur de remplacement. Ne vous étonnez pas si on ne vous en propose que la moitié.

— Le Crédit municipal:

Organisme de prêt sur gage créé en 1777. Il y a en France vingt et un Crédits municipaux qui fonctionnent sur le même principe. Modernisé depuis un an, le Crédit municipal tente de se donner une image plus dynamique et surtout moins triste. Beaux salons, belles hôtesses et guichets accueillants. Si vous ne souhaitez pas vendre votre bijou, mais simplement emprunter une somme d'argent, présentez-vous aux guichets avec une pièce d'identité, un justificatif de domicile et un bulletin de salaire. Vous restez entièrement propriétaire de votre bijou engagé. Il vous sera prêté, après expertise, de 30 à 50 p. 100 de la valeur. Ne vous étonnez pas si l'estimation n'est pas généreuse. Les experts ne prennent aucun risque. Le prêt est conclu pour six mois et les intérêts sont dus à l'échéance. Vous pouvez récupérer votre bijou à tout moment en réglant la somme prêtée et les intérêts. Si vous ne payez pas vos échéances, le bijou sera vendu aux enchères. Beaucoup de personnes engagent leurs bijoux au moment des vacances. Cela leur procure de l'argent et les dégage du souci des voleurs.

Crédit municipal: 55, rue des Francs-Bourgeois, 75004 Paris.

— Les salles de vente et l'hôtel Drouot:

« La vente reste un des phénomènes les plus singuliers dans l'histoire de l'art et de la brocante », disait un écrivain célèbre il y a deux siècles. Cela n'a pas changé. Il suffit de vous présenter au bureau des estimations où un expert établira la valeur et l'authenticité de votre bijou. Suivant sa valeur, il sera placé dans une vente ordinaire spécialisée ou bien dans une vente particulière. Le gros avantage de la vente publique est le jeu des enchères qui peut faire monter le prix au-delà des espérances. Il vous en coûtera 10 à 15 p. 100 de frais. Mais si vous êtes pressé, ce n'est pas la bonne formule, car les délais de vente sont longs et le paiement peut prendre encore un mois.

Hôtel Drouot, 9, rue Drouot, 75009 Paris.

— Les beaux bijoux méritent de passer dans les ventes de prestige. À l'étranger, Sotheby's et Christie's tiennent le haut du pavé. Sotheby's est la première salle de vente aux enchères du monde, accueillant une clientèle internationale de collectionneurs. Les frais de participation sont élevés, mais quelle fierté de retrouver son bijou dans un catalogue qui fait le tour du monde. Vous prendrez rendez-vous avec un expert distingué qui décidera si la pièce mérite qu'on frappe les trois coups. Inconvénient, les délais de vente sont très longs.

Sotheby's: 3, rue de Miromesnil, 75008 Paris; Christie's: 17, rue de Lille, 75007 Paris.

— Les dépôts-vente:

Le magasin ne prend pas le risque de l'achat. Vous fixez vous-même le prix. Si vous êtes trop gourmand, votre bijou peut rester pendant des mois dans la vitrine sans trouver un acquéreur.

— Les comptoirs d'achat:

Magasins plus spécialisés dans l'achat des débris d'or. Mais il achètent également les bijoux.

— Les courtiers:

Ce sont des intermédiaires qui marchent à la commission. Beaucoup ont disparu aujourd'hui, et personne ne semble vouloir prendre la relève. Leur lieu de rencontre est un club situé dans un bel hôtel particulier de la rue Cadet, où les vénérables membres remuent leurs souvenirs en jouant aux cartes.

— Les magasins de bijoux anciens et d'occasion:

Avant d'entrer dans un magasin, regardez d'abord la vitrine pour vous faire une idée du type de bijoux vendus. Il faut que votre objet entre dans sa spécialité. Pour cela, mieux vaut s'adresser à un professionnel qui connaît bien le marché des bijoux d'occasion, sûr de son prix et de son expertise. Rien ne vous oblige à accepter l'offre. Deux avis valent mieux qu'un.

# Les assurances

Un vol toutes les trois minutes laisse un peu rêveur. Pas étonnant que les compagnies d'assurances exigent des installations de protection de plus en plus sophistiquées en attendant d'imposer des barreaux aux fenêtres de votre appartement. Fort Knox n'est pas loin.

Il y a bien les coffres des banques, mais depuis qu'elles ont été la cible des malfaiteurs, le montant assuré est limité. Il est vrai qu'une banque n'est pas considérée comme dépositaire des objets de valeur déposés dans le coffre qu'elle met à disposition de ses clients pour une somme dérisoire au regard du risque. Il faudra de toute façon contracter une assurance complémentaire.

## QUELS SONT LES TYPES DE CONTRATS ?

La *multirisque habitation*:

C'est l'assurance la plus courante. Elle couvre les bijoux si le vol avec effraction est commis dans les conditions et les lieux définis par la police d'assurance. L'effraction doit être bien visible. L'assurance ne marche pas si la serrure a été simplement crochetée. Tous les coups sont bons pour éviter de donner un gros chèque. De toute façon, la garantie des bijoux est limitée à 30 p. 100 de la valeur du capital global ou bien cent cinquante fois le montant de la prime. Additionnez et divisez, vous verrez qu'il ne reste plus grand-chose.

La *tous risques bijoux*:

Toutes les compagnies d'assurances ne pratiquent

pas ce genre d'assurance. Contrairement à la précédente, elle est très étendue. Elle couvre l'assuré contre les risques de perte, de vol ou de disparition inexpliquée. Cette assurance peut même être étendue à tous les pays où vous vous rendez avec vos bijoux. L'assurance s'entoure de précautions: l'assuré doit remplir un questionnaire assez indiscret, qui permettra aux assureurs de se faire une opinion sur son honorabilité, sa solvabilité et les risques qu'il encourt. Enfin, dans ce type de contrat, l'assurance exige toujours une expertise détaillée des bijoux par un expert qualifié. Mais si vous perdez un bijou dans les glaces du Groënland, il vous sera remboursé à votre retour sans attendre la fonte des neiges.

## LE PRIX DE L'ASSURANCE

Une assurance «tous risques bijoux» vous permet de conserver vos bijoux chez vous ou de les emporter en voyage sans craindre les voleurs. Pour ce plaisir, il vous en coûtera 1,5 p. 100 de leur valeur, soit 15 francs pour 1000 francs de garantie en Europe, et 2 p. 100 pour le monde entier, taxes en supplément.

## LES JUSTIFICATIFS

L'existence et la valeur des bijoux volés doivent être prouvées par l'assuré dans le cas d'une police multirisque. Si vous n'avez aucune justification, l'assurance peut refuser de vous régler les dommages. Il faut donc un maximum de preuves à fournir à votre assureur:

— Les factures d'achat.
— Les factures de réparations.
— Les actes notariés (acte de mariage, de séparation de biens, de divorce, de partage, de donation, de succession).
— L'estimation détaillée des bijoux faite par un bijoutier compétent.
— Les expertises faites auprès des experts agréés par les tribunaux, qui vous coûtera entre 1 et 3 p. 100 du prix total des bijoux expertisés.
— Les photos ne constituent pas une preuve, à moins d'être authentifiées et estimées par un bijoutier.

— Et surtout, ayez un bon courtier d'assurance qui défendra vos intérêts auprès de la compagnie.

*Pensez à faire revaloriser l'estimation de vos bijoux tous les trois ans.*

La conclusion se résume en deux petites histoires authentiques...

Une fort jolie femme vivait un trentième amour dans le luxueux appartement de son nouveau fiancé. Comme toutes les grandes courtisanes, elle avait su se faire offrir, grâce au temps, quelques beaux bijoux qu'elle portait avec élégance. Elle décida un jour de les assurer et s'adressa à une compagnie folle de publicité. Un courtier vint la voir. Ébloui par l'appartement et les yeux remplis de merveilles, il émit un avis très favorable sur la suite à donner. La jeune femme fournit les expertises des joailliers. La prime fut élevée, mais l'assurance était en béton armé. Un an plus tard, elle perdit la totalité de ses bijoux, contenus dans une mallette qu'on lui déroba à l'aéroport de Rome alors qu'elle écoutait Berlioz dans son walkman. Plainte fut déposée et photocopie remise à l'assurance. La compagnie ne fit aucune difficulté pour régler le sinistre: une somme coquette. Il paraît que cette femme est propriétaire d'un bel appartement et qu'elle recommence à porter ses bijoux, l'affaire datant de plusieurs années. Mais les gens sont si médisants...

Mais il y a le revers de la médaille.

Une brave dame avait contracté une police d'assurance pour son appartement. Devant la multitude de zéros contenus dans le contrat, elle n'osa pas demander de trop les remuer. Un an plus tard, des voleurs dérobèrent les bijoux, les souvenirs et l'argent. Elle porta plainte au commissariat et s'en fut remettre son dépôt à l'assurance. Les bijoux étaient des choses simples. Elle regrettait surtout un joli sautoir émaillé qui lui venait de sa mère. L'expert se déplaça et le cauchemar commença. La trace de l'effraction sur la porte n'était pas assez visible. Quand on fut d'accord sur les éraflures de la serrure, il fallut produire les factures.

La pauvre femme, déjà bien secouée, n'avait aucune facture, donc aucune preuve. «Attendez Monsieur, j'ai une preuve!» Et de sortir l'album de famille avec les photos de sa mère souriante portant le sautoir. «Mais Madame! On ne voit rien!» grondait l'expert. «Mais si! Regardez bien! On voit bien que c'est de l'or! Prenez la loupe, Monsieur! On voit bien que c'est jaune! — Mais Madame! Toutes vos photos sont en noir et blanc. On ne peut pas être sûr de la couleur!»...

La triste comédie dura plusieurs mois. La pauvre femme en avait perdu le sommeil. Elle fit faire un agrandissement de la photo de sa mère, afin qu'on identifiât le sautoir. Puis elle fit agrandir le sautoir qui finit par ressembler à une chaîne de fumée perdue dans les grains géants du papier. Rien n'y fit. L'assurance l'indemnisa très mal et le chèque qu'elle reçut ne lui permit pas de s'acheter une petite bague en or pour se consoler.

# Comment prendre soin de vos bijoux

Sur la culasse de vos pierres s'accumule l'encrassement du quotidien: savon, crème, etc. Pour dissoudre cette couche grasse qui nuit à leur brillance, il faut nettoyer régulièrement les bijoux. Ils conserveront alors leur merveilleux éclat.

Un peu de lessive ammoniaquée dans une casserole d'eau. Plongez vos bijoux et laissez bouillir sans avoir le nez piqué sur la casserole pour voir si les diamants ne fondent pas. Rassurez-vous, rien ne peut leur arriver. La seule protection élémentaire est de ne pas les oublier sur le feu pendant que vous racontez vos voyages à une amie. Vous retrouveriez la casserole vide et les bijoux noircis dans une sorte de caramel. (Rassurez-vous, ce n'est pas grave.)

Au bout de dix minutes, éteignez le feu, laissez tiédir, sortez vos bijoux, rincez-les et faites-les sécher dans la sciure de buis qu'on trouve chez les quincailliers. Si vous n'avez pas de sciure, trempez-les dans l'alcool à brûler et laissez sécher. Vos bijoux retrouveront tout leur éclat.

Il y a pourtant deux exceptions:

Ne faites pas bouillir vos émeraudes. Les béryls sont capricieux et l'émeraude possède parfois des givres ouverts qu'une grosse chaleur peut endommager. Le contraste brutal de température est à déconseiller. Passez-les simplement sous l'eau tiède avec du savon et un brossage léger.

Certains bijoux anciens ou orientaux sont montés avec des diamants en roses ou des émeraudes sur des sertissures imperméables fermées sous la pierre. Pour augmenter l'éclat ou la couleur de la pierre, on ajuste une feuille de métal blanc ou coloré sous le fond plat. Sa brillance traverse la pierre. La moindre humidité risque d'endommager ou de noircir la feuille et de retirer tout éclat aux pierres. Frottez-les simplement avec un chiffon et un peu de poudre d'alumine.

Évitez les nettoyages énergiques avec une brosse à poil dur qui pourrait pénétrer à l'intérieur des griffes et faire sauter une pierre. Utilisez seulement des brosses douces pour frotter l'intérieur des bagues où s'entrepose l'encrassement.

Les bijoux en or se lavent à l'eau et au savon comme les chaussettes. N'ayez pas peur de bien brosser le bijou. L'or ainsi rafraîchi retrouvera toute sa couleur naturelle et vivante.

Si aucune solution ne vous convient, vous pouvez toujours tremper vos bijoux dans des liquides spéciaux d'entretien de l'or, du platine, des pierres précieuses et des perles, que vous trouverez dans les magasins de bijouterie.

Les bijoux en or blanc ternissent avec le temps et deviennent grisâtres. Les longs nettoyages n'y changeront rien. Pour donner l'éclat du neuf, il faut les tremper dans un bain de rhodium. C'est une opération électrolytique qui nécessite un matériel spécial. Travail de professionnel et service payant. On peut également rhodier les bijoux en platine, bien que ce métal ne subisse aucune altération. L'idéal reste le bon frottage à la poudre d'alumine mélangée à l'eau.

Prenez soin de vos bijoux si vous les aimez. Voilà quelques conseils qui vous éviteront des surprises et des frais de réparation coûteux :

Évitez de mettre tous vos bijoux l'un sur l'autre dans une même boîte. Le frottement des pierres risque de les user et de les égriser.

Ne maltraitez pas vos perles en les laissant tomber sur une table de marbre ou dans une boîte à bijoux. Les perles sont fragiles, elles s'ébrèchent et se rayent facilement. Faites renfiler votre collier dès que vous voyez que le fil du fermoir se détend un peu. Un enfilage à nœuds est impératif.

Évitez de porter votre solitaire à côté d'une alliance en brillants sur griffes. Le frottement des brillants sur la monture de la bague finit par user le métal. Pour remédier à cela, faites renforcer les parties en contact avec l'alliance.

Faites vérifier tous les ans les soudures de vos bagues, surtout celles à griffes.

Vérifiez régulièrement le fermoir de votre broche. Le système à pompe qui retient la pointe de l'épingle peut devenir défectueux et s'ouvrir facilement. Un coup de pince suffit pour le réparer.

Vérifiez l'anneau ressort de votre chaîne et l'usure des maillons. Sur les chaînes de quelques grammes, évitez de suspendre des médaillons. Le poids de l'objet suspendu ne doit pas dépasser celui de la chaîne.

L'émail est fragile comme du verre. Il peut se fêler, se casser ou se rayer. Les réparations sont difficiles et coûteuses. Évitez le frottement avec les autres bijoux.

Faites vérifier le fermoir de votre bracelet et de votre collier. À la longue, la languette des fermoirs peut devenir déficiente. Il suffit parfois de la soulever légèrement pour que le fermoir fasse un «clic» sécurisant. Vérifiez en même temps le petit huit de sûreté.

Faites vérifier les emmaillements de votre bracelet en brillants, surtout ceux qui sont situés près du fermoir, qu'on a tendance à maltraiter quand on est pressé.

Faites vérifier le serti de vos bijoux tous les ans.

Faites repolir vos pierres de couleur tous les dix ans. Les angles des facettes s'usent avec les frottements et deviennent ternes. Il faut pour cela désertir la pierre, la polir et la remettre dans ses griffes. Elle retrouvera toute sa vivacité perdue.

Évitez de faire souder un bijou à l'étain. C'est le cancer de l'or.

Si l'or noircit sur votre peau, faites polir vos bijoux chez le bijoutier.

# Quelques chiffres

*En 1986, l'Institut national des statistiques notait une forte baisse du nombre des horlogers, bijoutiers et joailliers. De 11 792, ils passaient à 11 155. En 1988, ils ne sont plus que 10 792. La plus grande concentration de bijoutiers se trouve dans l'Ile-de-France avec 2 422 magasins, alors que Paris n'en a que 1 314.*
*Le chiffre d'affaires annuel en 1986 de toute la profession des H.B.J.O. (horlogers, bijoutiers, joailliers, orfèvres) aura été de 13 milliards 142,2 millions.*
*Dans le petit monde de la haute joaillerie, sans compter le phénomène Cartier, qui réalise 730 millions de chiffre d'affaires en France, Chaumet et Van Cleef sont en tête, suivis de Boucheron. En 1987, Van Cleef et Arpels a réalisé un chiffre d'affaires de l'ordre de 180 millions de francs, Boucheron 150 millions, Mauboussin 50 millions et Mellerio 40 millions. 80 p. 100 de ce chiffre d'affaires est dû à l'exportation.*

Mais déjà une nouvelle école s'apprête à démythifier le bijou en tant qu'art de vivre, ainsi que les pierres et le métal, pour le redessiner et le construire dans des matières nouvelles et robustes venues d'ailleurs, sans attaches économiques, qui s'intégreront à une autre vie. Alors seulement tous les bijoux façonnés par l'homme deviendront les pièces à conviction, pour les futures générations, du bonheur que nous eûmes à paraître et à exister.

# Les mots du métier

*AFFINER*: purifier le métal précieux.

*CALIBRÉS*: petites pierres rectangulaires ou trapézoïdes serties l'une contre l'autre dans un rail de métal rabattu pour bien fixer les pierres.

*CARAT*: unité de poids pour peser les pierres. Le carat vaut 0,20 g et se divise en fractions décimales.

*CARAT ou KARAT*: il sert à indiquer le titrage de l'or et représente 1/24 de la pureté du métal.

*CHATON*: partie d'un bijou qui comporte des griffes pour sertir une pierre.

*CLIPS*: boucles d'oreilles ou broches fixées sur une pince.

*CLOISONNÉ*: décoration d'émail entre des cloisons d'or façonnées à la pince selon le dessin voulu.

*CRAPAUD*: inclusion noire dans un diamant.

*EAU*: limpidité d'une pierre.

*ÉCHOPPE*: outil à pointe taillée en biseau dont se servent les sertisseurs pour refermer les griffes ou relever le métal qui fixera la pierre.

*ÉGRISURE*: petite cassure sur le bord d'une pierre.

*ÉMAIL*: verre très fusible composé de sable, de minium et de borax, coloré aux oxydes métalliques.

*EMMAILLEMENTS*: articulations qui servent à donner de la souplesse aux bijoux.

*ESSAI*: analyse qui permet de vérifier le titre des métaux précieux.

*FEUILLETIS*: angle qui sépare la couronne et la culasse d'une pierre.

*GANGUE*: matière terreuse qui enveloppe un minerai ou une gemme à l'état natif.

*GLACE*: défaut de cristallisation qui se présente sous la forme d'une petite trace d'éclat dans la pierre.

*GOUPILLE*: petit morceau de fil de métal qui sert à assembler les émaillements.

*GRAIN*: unité de poids pour peser les perles. Le grain vaut 1/4 de carat.

*LAQUE*: matière résineuse colorée et appliquée à chaud sur les gros objets pour remplacer l'émail.

*MISE À JOUR*: travail obtenu par un découpage à la scie pour préparer l'emplacement des pierres.

*SABLER*: dépolir un ouvrage en projetant du sable fin sur le métal pour le rendre mat.

*SERTISSURE*: partie où sont serties les pierres.

*SOLITAIRE*: pierre montée seule sur un chaton.

*SERTIR*: fixer les pièces sur le métal.

*TITRE*: proportion d'or ou d'argent contenue dans un alliage.

# Le métier et les quartiers de Paris

— La bijouterie fantaisie:
La rue du Temple ($3^e$ et $4^e$ arrondissements).

— La bijouterie or:
La rue du Temple, la rue Réaumur et les rues adjacentes.

— Les outillages:
La rue du Temple.

— Les doreurs et les argentiers:
La rue du Temple et les rues adjacentes (plaques devant les immeubles).

— Les grands joailliers:
La place Vendôme et la rue de la Paix.

— Les joailliers:
Le $8^e$ arrondissement.

— Les bijoux anciens:
La rue Saint-Honoré, le Louvre des antiquaires, le $8^e$ arrondissement.

— Les diamantaires:
Le $9^e$ arrondissement. La rue Lafayette et la rue de Châteaudun.

— Le club des diamantaires:
La rue Cadet.

— Les services de la Garantie:
La rue Perrée.

# Les musées

- Musée du Louvre (Galerie d'Apollon, Paris).
- Musée d'Histoire naturelle (Jardin des Plantes, Paris).
- Musée des Arts décoratifs. Pour les merveilleux bijoux de Lalique, de Fouquet et de Vever (Paris).
- Victoria and Albert Museum (Londres).
- British Museum (Londres).
- Tour de Londres (Joyaux de la Couronne).
- Museum of Natural History (New York).
- Smithsonian Institute (Washington).
- Kunsthistorisches Museum (Vienne).
- Château de la Hofburg (Vienne).
- Musée du diamant (Grobbendonk, près d'Anvers, Belgique).
- Musée du Prado (Madrid).
- Musée du Kremlin (Palais des Armures, Moscou).
- Musée Poldi Pezzoli (Milan).
- Musée de Prague (Tchécoslovaquie).
- Musée du Caire (Pour le fabuleux trésor de Tout Ankh Amon, découvert par Howard Carter en 1922. Vous y verrez le témoignage le plus complet des techniques de la bijouterie égyptienne.)

# Bibliographie

BALFOUR, Ian, *Famous Diamonds* (Collins, Londres).
GIA, *The Famous Diamond Dictionary.*
FIELD, Leslie, *The Queens Jewels*, (Harry N. Abrams, New York).
GRÈCE, Michel de, *Joyaux des couronnes d'Europe* (Olivier Orban).
*L'Illustration*, 1840-1944.
BOUCHER, François, *l'Histoire du costume* (Flammarion).
*Le Diamant: Mythe-Magie-Réalité* (Flammarion).
BRUET, Edmond, *le Diamant* (Payot, 1952).
HERMANN, Félix, *les Gemmes et les perles* (Payot, 1949).
ROSENTHAL, Léonard, *Au jardin des gemmes* (Payot, 1925).
SÉDILLOT, René, *l'Histoire de l'or* (Fayard, 1972).
SCHUBNEL, Henri-Jean, *les Pierres précieuses* (P.U.F.).
METTA, N. et A., *les Pierres précieuses* (P.U.F.).
GASCAR, Pierre, *l'Or* (Robert Delpire, Paris).
GREGORIETTI, Guido, *le Monde merveilleux du bijou* (Éd. des Deux Coqs d'or).

# Table des matières

En cas de nécessité, les organisateurs de ce concours se réservent le droit de le proroger ou d'en modifier les modalités. Leur responsabilité ne saurait être engagée de ce fait.
En revanche, les cinquante prix à gagner seront de toute façon attribués (sauf manque de candidats).

7) Les prix sont attribués en nature uniquement, et ne peuvent donc être échangés contre une somme en numéraire.
Les résultats seront proclamés le 30 novembre 1988.
Les gagnants seront prévenus par lettre recommandée et devront choisir soit de venir retirer leur prix au siège social des Éditions Sand, soit de le recevoir sous pli recommandé simple, à leurs risques et périls. Les gagnants disposeront de deux mois à compter de l'expédition de la notification pour retirer leur prix. Passé ce délai, leur prix sera attribué au candidat perdant le mieux placé.
Les gagnants devront justifier de leur identité.

8) Me Pascal Robert, huissier de justice (146, rue Montmartre, Paris 2e), veillera au bon déroulement du concours. Il est dépositaire, en particulier, du règlement de ce concours, de l'ensemble des questions posées et des bonnes réponses aux cinquante premières questions et aux deux premières questions subsidiaires.
La liste des gagnants sera également déposée chez lui.

# Questionnaire

(A conserver après avoir coché vos réponses. Reportez celles-ci sur le bulletin-réponse [p. 205] qui doit seul nous être retourné avec la fiche de renseignements.)

1) *Que désigne l'expression «P 3»?*
☐ a. Le club des diamantaires de Paris.
☐ b. Les défauts d'un diamant.
☐ c. La taille particulière des roses à trois faces.

2) *La méléagrine est:*
☐ a. Un corindon de couleur bleue.
☐ b. Une moule de rivière.
☐ c. Une huître perlière.

3) *Où se trouve le plus grand marché des pierres de couleur?*
☐ a. A Bombay.
☐ b. A Bangkok.
☐ c. A Colombo.

4) *Qui sont les Boulgaris?*
☐ a. Une famille de diamantaires bulgares.
☐ b. Une famille de joailliers italiens.
☐ c. Des trapézistes grecs qui achetèrent un diamant célèbre.

5) *Un col de cygne est:*
☐ a. Une expression qui définit le mouvement d'un bijou.
☐ b. Le nom d'une facette particulière sur un brillant.
☐ c. Le défaut spécifique d'une perle baroque.

6) *Le Koh-i-Noor est un diamant:*
☐ a. Rond.
☐ b. Oval.
☐ c. En forme de poire.

7) *Ratnapura est une mine de saphir située:*
- ☐ a. Dans l'Etat du Cachemire.
- ☐ b. Au Sri Lanka.
- ☐ c. En Thaïlande.

8) *On se sert de la poudre d'alumine:*
- ☐ a. Pour nettoyer les brillants.
- ☐ b. Pour polir le platine.
- ☐ c. Pour sabler l'or.

9) *Le joaillier de Napoléon Ier s'appelait:*
- ☐ a. Nitot.
- ☐ b. Rondé.
- ☐ c. Chaumet.

10) *Quelle est la couleur de la chrysoprase?*
- ☐ a. Vert.
- ☐ b. Jaune.
- ☐ c. Rouge.

11) *Fisher a laissé son nom dans l'histoire de la joaillerie. Pourquoi?*
- ☐ a. C'est le premier joueur d'échecs qui a fait de la publicité pour les diamants.
- ☐ b. Ce fut un grand spécialiste de l'émaillage.
- ☐ c. Il fut le mari d'Elizabeth Taylor et lui offrit un célèbre diamant.

12) *Le diamant Régent est exposé:*
- ☐ a. A Versailles.
- ☐ b. Au musée minéralogique de Paris.
- ☐ c. Au Louvre.

13) *Quel joaillier célèbre inventa le mot «minaudière» pour définir les sacs du soir en or incrustés de pierres?*
- ☐ a. Van Cleef et Arpels.
- ☐ b. Cartier.
- ☐ c. Boucheron.

14) *Que vient faire E.T. avec les bijoux?*
- ☐ a. C'est un héros de cinéma devenu le personnage d'une campagne publicitaire pour les bijoux.
- ☐ b. C'est une qualité d'émeraude.
- ☐ c. C'est un poinçon de Garantie sur certains bijoux.

15) *Un diamant de 128 carats a été récemment trouvé en Sierra Leone. Où?*
- ☐ a. Sous les gravats d'une maison en ruine.
- ☐ b. Dans un champ de pommes de terre.
- ☐ c. Sur une plage de Freetown.

16) *Kokiki Mikimoto est:*
- ☐ a. Un couturier japonais qui crée des bijoux.
- ☐ b. Le célèbre musée des perles à Kobé.
- ☐ c. Un producteur de perles de culture.

17) *Qu'est-ce qu'une brucelle?*
- ☐ a. Une pince pour tenir les pierres.
- ☐ b. Une loupe belge à infrarouges pour regarder les pierres de couleur.
- ☐ c. Un appareil pour calibrer les diamants.

18) *Combien pesait le diamant Eurêka avant d'être taillé?*
- ☐ a. 60,67 carats.
- ☐ b. 35,78 carats.
- ☐ c. 21,50 carats.

19) *En 1955, la General Electric Company mettait au point, aux Etats-Unis, un vrai diamant reconstitué.*
- ☐ a. A partir de la poudre de diamant.
- ☐ b. A partir du carbone.
- ☐ c. A partir d'alumine d'yttrium.

20) *La pierre zodiacale du Taureau est:*
- ☐ a. Le rubis.
- ☐ b. L'améthyste.
- ☐ c. L'émeraude.

21) *Le premier artiste contemporain à dessiner des bijoux fut:*
- ☐ a. Dali.
- ☐ b. Calder.
- ☐ c. Braque.

22) *Les deux plus gros fragments du diamant Cullinan furent taillés en:*
- ☐ a. Quinze jours.
- ☐ b. Neuf mois.
- ☐ c. Deux ans.

23) *Combien de grammes pèse un diamant de 62,50 carats?*
- ☐ a. 4,10 grammes.
- ☐ b. 12,50 grammes.
- ☐ c. 62,50 grammes.

24) *M. Chattam inventa un procédé en 1941. Lequel?*
☐ a. Il fabriqua le premier diamant de synthèse.
☐ b. Il mit au point une émeraude synthétique.
☐ c. Il inventa la perle de Majorque.

25) *Quel est le premier pays producteur de diamants industriels dans le monde?*
☐ a. Le Zaïre.
☐ b. L'Afrique du Sud.
☐ c. L'Union soviétique.

26) *Le roi Edouard VII acheta le Cullinan VI pour l'offrir à sa femme.*
☐ a. Mary.
☐ b. Alexandra.
☐ c. Elizabeth.

27) *Quel est le rôle de la S.C.O.?*
☐ a. C'est l'organe supérieur qui regroupe les quatre Bourses d'Anvers.
☐ b. C'est l'Organisation internationale des pays producteurs d'or, à New York.
☐ c. C'est l'Organisation centrale de vente des diamants, à Londres.

28) *L'échoppe est un outil dont on se sert pour:*
☐ a. Laminer l'or.
☐ b. Polir la surface des pierres de couleur.
☐ c. Sertir les pierres.

29) *Jean-Baptiste Tavernier a laissé son nom dans l'histoire des diamants. Mais qui était-il?*
☐ a. Un célèbre tailleur de pierres.
☐ b. Le premier courtier en pierres précieuses de l'Histoire.
☐ c. Le joaillier de Louis XIV.

30) *Les perles de culture japonaises sont exploitées à:*
☐ a. Tokyo.
☐ b. Kobé.
☐ c. Kyoto.

31) *Le jade fut un remède pour soigner:*
☐ a. Certaines maladies de la peau.
☐ b. Les maladies de rein.
☐ c. La jaunisse.

32) *Quel est le point de fusion de l'or?*
☐ a. 190 degrés.
☐ b. 1064 degrés.
☐ c. 1238 degrés.

33) *Le fameux collier de perles de Catherine de Médicis comportait plusieurs rangs. Combien ?*
☐ a. Six rangs.
☐ b. Huit rangs.
☐ c. Douze rangs.

34) *Qui était le joaillier de l'impératrice Eugénie ?*
☐ a. Cartier.
☐ b. Boucheron.
☐ c. Mellerio.

35) *Que veut dire la lettre E dans la nomenclature des diamants ?*
☐ a. Elle indique une couleur.
☐ b. Elle indique une pureté.
☐ c. Elle indique l'origine de la pierre.

36) *Combien y a-t-il d'horlogers, bijoutiers et joailliers en France en 1988 ?*
☐ a. 20 396.
☐ b. 10 792.
☐ c. 7 321.

37) *Quelles sont les perles les plus rares ?*
☐ a. Les roses.
☐ b. Les noires.
☐ c. Les grises.

38) *A New York, la rue principale des bijoutiers et des diamantaires est la :*
☐ a. 43e Rue.
☐ b. 47e Rue.
☐ c. 57e Rue.

39) *Quelle riche américaine porta un célèbre diamant bleu pendant trente-six ans ?*
☐ a. Barbara Hutton.
☐ b. Florence Gould.
☐ c. Evalyn McLean.

40) *Le dessin d'une tête de chien se trouve sur :*
☐ a. Un bijou en platine.
☐ b. La carte de membre de la Bourse d'Anvers.
☐ c. La carte professionnelle des artisans bijoutiers.

41) *Quel est le deuxième pays du monde producteur d'or ?*
☐ a. L'Union soviétique.
☐ b. Les Etats-Unis.
☐ c. Le Brésil.

42) *Quels sont les rois d'Angleterre qui portèrent le Koh-i-Noor?*
- ☐ a. Tous.
- ☐ b. George V seulement.
- ☐ c. Aucun.

43) *De quelle couleur est le péridot?*
- ☐ a. Rouge.
- ☐ b. Bleu.
- ☐ c. Vert.

44) *Où se trouve la ville d'Amarapura réputée pour ses pierres précieuses?*
- ☐ a. En Inde.
- ☐ b. En Colombie.
- ☐ c. En Birmanie.

45) *Quel est le rôle des services de la Garantie?*
- ☐ a. Expertiser les pierres précieuses.
- ☐ b. Contrôler le titrage des métaux précieux.
- ☐ c. Vérifier l'importation des diamants.

46) *Au musée d'Histoire naturelle de Paris, Louis XIV nous a laissé un souvenir bleu. Lequel?*
- ☐ a. Le diamant Hope.
- ☐ b. Le saphir Ruspoli.
- ☐ c. Une tourmaline bleue de 548 carats.

47) *Au XIX^e siècle, certaines dames portaient des bijoux garnis de jais.*
- ☐ a. Les nobles.
- ☐ b. Les veuves.
- ☐ c. Les prostituées.

48) *Quel personnage célèbre acheta la moitié de l'émeraude du Grand Mogol?*
- ☐ a. Richard Burton.
- ☐ b. Le maharajah de Baroda.
- ☐ c. Le duc de Windsor.

49) *Que se passa-t-il le 16 septembre 1792?*
- ☐ a. On guillotina Marie-Antoinette qui portait son diamant bleu à l'annulaire.
- ☐ b. On cambriola le Garde-Meuble national et les joyaux de la couronne.
- ☐ c. Robespierre promulgua une loi interdisant le port des bijoux.

50) *Frederick Wells a laissé son nom dans l'histoire des pierres précieuses. Pourquoi?*

☐ a. Il découvrit le plus gros diamant du monde.
☐ b. Il écrivit le premier traité de gemmologie en six tomes.
☐ c. Il inventa le procédé de l'émaillage à froid.

# Les trois questions subsidiaires

1) *Lorsque Evalyn McLean, propriétaire du diamant Hope, mourut le samedi 26 avril 1947, les exécuteurs testamentaires trouvèrent le joyau dans son appartement. Les banques étant fermées, il fallut le mettre en lieu sûr pour le week-end. Quelle solution adoptèrent-ils ?*

______________________________

______________________________

______________________________

2) *Les diamants Cullinan III et Cullinan IV ont un surnom dans la famille royale d'Angleterre. Lequel ?*

______________________________

3) *Si un romancier écrivait la vie pittoresque et mouvementée du diamant Orlov, quel titre donneriez-vous à son roman ?* (Trouvez le titre le plus original, le plus évocateur, et le plus percutant en dix mots maximum.)

______________________________

______________________________

# BULLETIN-RÉPONSE

(À découper, après avoir coché, d'une croix, chacune des cinquante réponses et répondu aux trois questions subsidiaires, et dûment rempli la fiche de renseignements [voir au verso] avec votre nom, votre adresse, etc.)

1. A ☐ B ☐ C ☐
2. A ☐ B ☐ C ☐
3. A ☐ B ☐ C ☐
4. A ☐ B ☐ C ☐
5. A ☐ B ☐ C ☐
6. A ☐ B ☐ C ☐
7. A ☐ B ☐ C ☐
8. A ☐ B ☐ C ☐
9. A ☐ B ☐ C ☐
10. A ☐ B ☐ C ☐
11. A ☐ B ☐ C ☐
12. A ☐ B ☐ C ☐
13. A ☐ B ☐ C ☐
14. A ☐ B ☐ C ☐
15. A ☐ B ☐ C ☐
16. A ☐ B ☐ C ☐
17. A ☐ B ☐ C ☐
18. A ☐ B ☐ C ☐
19. A ☐ B ☐ C ☐
20. A ☐ B ☐ C ☐
21. A ☐ B ☐ C ☐
22. A ☐ B ☐ C ☐
23. A ☐ B ☐ C ☐
24. A ☐ B ☐ C ☐
25. A ☐ B ☐ C ☐
26. A ☐ B ☐ C ☐
27. A ☐ B ☐ C ☐
28. A ☐ B ☐ C ☐
29. A ☐ B ☐ C ☐
30. A ☐ B ☐ C ☐
31. A ☐ B ☐ C ☐
32. A ☐ B ☐ C ☐
33. A ☐ B ☐ C ☐
34. A ☐ B ☐ C ☐
35. A ☐ B ☐ C ☐
36. A ☐ B ☐ C ☐
37. A ☐ B ☐ C ☐
38. A ☐ B ☐ C ☐
39. A ☐ B ☐ C ☐
40. A ☐ B ☐ C ☐
41. A ☐ B ☐ C ☐
42. A ☐ B ☐ C ☐
43. A ☐ B ☐ C ☐
44. A ☐ B ☐ C ☐
45. A ☐ B ☐ C ☐
46. A ☐ B ☐ C ☐
47. A ☐ B ☐ C ☐
48. A ☐ B ☐ C ☐
49. A ☐ B ☐ C ☐
50. A ☐ B ☐ C ☐

Questions subsidiaires

1) ______________________________

______________________________

______________________________

2) ______________________________

3) ______________________________

______________________________

# BULLETIN-RÉPONSE

A compléter et à expédier avant le:
20 octobre 1988 à minuit,
(le cachet de la poste faisant foi)
à l'adresse suivante:

ÉDITIONS SAND
CONCOURS ARAX-SAND

6, rue du Mail
75002 PARIS

**A remplir par le candidat**

Nom: ________________________________

Prénom: ________________________________

Date de naissance: ________________________________

Adresse: N° ______ Rue: ________________________________

________________________________

Code postal: ____________ Ville: ________________

________________________ Tél.: ________________

**Cachet du libraire**